LE
PHYSIONOMISTE,

OU

L'OBSERVATEUR DE L'HOMME.

1. Tête d'Homme ronde ressemblante à celle du Hibou.

2. Tête d'Homme ovale, ressemblante à celle du Chien de chasse.

LE
PHYSIONOMISTE,

OU

L'OBSERVATEUR DE L'HOMME

CONSIDÉRÉ SOUS LES RAPPORTS

DE SES MOEURS ET DE SON CARACTÈRE;

D'APRÈS LES TRAITS DU VISAGE, LES FORMES DU CORPS,
LA DÉMARCHE, LA VOIX, LE RIRE, etc. etc.

Avec des rapprochemens sur la ressemblance de divers individus,
avec certains animaux.

Par J. B. PORTA.

TRADUCTION LIBRE DU LATIN.

A PARIS,

Chez HENRY TARDIEU, Imprimeur-Libraire, passage
des Panoroma, n°. 12;
Et chez JOSEPH CHAUMEROT, Libraire, palais du
Tribunat, galerie de bois, n°. 118.

—

1808.

INTRODUCTION.

C'est une vérité reconnue, *qu'il n'y a pas d'animal plus sociable que l'homme.* Cependant, au milieu de la société que nous formons dans le sein même de la plus intime familiarité, à combien de piéges ne sommes-nous pas exposés ? *Sous les traits d'un homme,* dit Sénèque, *siége souvent une ame brutale, plus cruelle et plus féroce que celle des animaux. Socrate* souhaitait qu'il y eût dans le cœur de l'homme une fenêtre, afin que ses secrets sentimens ne restassent point cachés, et qu'à la faveur de ce moyen, on pût voir facilement quels sont ses desseins, ses désirs ; si ce qu'il dit est sincère ou non. Ce moyen n'existe pas ; mais une science vraiment divine y supplée ; c'est *la*

physiognomonie. Cette science , qui a été traitée dans tous les temps par les hommes les plus célèbres , nous apprend à connaître avec tant de précision le naturel de l'homme et ses mœurs , qu'il nous paraît que nous pénétrons dans ses plus secrètes pensées ; je dirai même , dans les replis les plus profonds de son cœur. C'est un bienfait de la Divinité qui a permis que les affections de l'ame se manifestassent au dehors par des signes sensibles , malgré tous les efforts de l'hypocrisie , afin que chacun , veillant à sa propre sûreté , pût faire son choix dans le nombre des personnes qui l'entourent, s'éloigner des personnes suspectes , et se lier avec celles d'une fidélité et d'une probité reconnues. Voici à ce sujet, les conseils que donne *Salomon dans le livre de la sagesse :* « N'habitez pas
» avec l'homme colère : ne vous mettez
» pas à la même table avec l'envieux ;
» craignez les conseils des impies , et
» ne marchez pas sur leurs traces ; l'air
» qui les entoure est contagieux. S'ils

» vous disent, venez avec nous, gar-
» dez - vous de les suivre. »

« Si quelque chose peut être utile à
» l'homme, dit *Polémon*, c'est la phy-
» siognomonie. » En effet, lorsqu'on aura
reconnu, dans quelqu'un, des marques de
légèreté, d'infidélité, ou de tout autre
vice, quel est l'homme qui sera assez
imprudent de lui confier un dépôt pré-
cieux, son trésor ou sa femme ; de s'u-
nir avec lui par les liens de l'amitié,
je dirai même d'aller habiter dans son
voisinage ?

Il y a une multitude de faits qui prouvent
combien les anciens s'attachaient à cette
science. *Jamblique* rapporte que les pytha-
goriciens ne recevaient jamais au nombre
de leurs disciples, ceux qui se présentaient
pour être admis, avant d'avoir bien observé leur figure, leur démarche et tous les
mouvemens de leur corps. Ils voulaient
s'assurer, par l'examen des signes extérieurs, si les candidats étaient propres
aux devoirs que la dicipline de leur

secte imposait. Suivant *Plutarque*, les lois de Sparte ne permettaient pas aux parens d'élever leurs enfans avant de les avoir présentés aux plus anciens de la tribu. Si les vieillards jugeaient les enfans d'une bonne constitution, ils ordonnaient qu'on en prît soin selon les lois : s'ils les jugeaient au contraire difformes et faibles, ils les faisaient périr en les précipitant du mont Taygète. Ils pensaient que ceux que la nature n'avait pas formés avec assez de soin, ne pouvaient pas être utiles à la république, ni heureux eux - mêmes. Cependant, il faut l'avouer, cette coutume était barbare, comme bien d'autres de cette fameuse république ; mais ce n'est pas ici le lieu de nous attacher à ces considérations.

Si cette science nous est utile, pour observer les autres, elle peut aussi servir à nous observer nous - mêmes. On a remarqué avec raison que *Socrate* prenait un miroir pour étudier ses traits et réformer ses mœurs. *Sénèque* approuve cette pratique comme étant un bon moyen pour apprendre à se connaître soi-même et à régler sa conduite. En effet, celui qui se verra doué de la beauté extérieure du corps, ne sera - t - il pas averti de ne rien faire qui en puisse souiller la dignité? Un autre, au contraire, que la nature n'aura pas traité avec la même prédilection, ne devra-t-il pas sentir la nécessité, de s'attacher à l'exercice de la vertu, pour réparer le tort que lui font les signes extérieurs ? C'est ce que faisaient les anciens. Nous avons encore sur ce point, un grand nombre d'exemples. On lit dans les *Tusculanes* que *Zopyrus*, qui se piquait de connaître les vices des autres par les signes extérieurs, et qui en avait remarqué plusieurs sur le compte de *Socrate* , était tourné en dérision par ceux qui n'avaient pu faire les mêmes remarques que lui. Mais qu'il fut bien justifié par l'aveu que lui fit *Socrate* lui-même, lorsqu'il lui déclara qu'il était naturellement enclin aux vices observés ; mais qu'il les surmontait par la force de sa raison. Aristote rapporte un fait semblable, et qui regarde Hippocrate. Les disciples de ce célèbre médecin, ayant fait faire son portrait avec beaucoup de soin, se présentèrent à Philémon, qui avait la réputation d'être physionomiste. Ce philosophe l'ayant examiné, et après avoir comparé chaque partie, prononça qu'*Hippocrate* était un homme enclin à la volupté et à la fourberie. Ce jugement les indigna vivement contre *Philémon*; ils s'emportèrent contre lui, au point de le menacer; mais quand ils eurent rapporté à *Hippocrate* ce qui s'était passé, celui-ci avoua franchement que la décision du philosophe était fondée, mais que l'amour de la philosophie et de la vertu avait émoussé en lui les aiguillons de la concupiscence, et qu'il avait enfin acquis par les soins et par l'abstinence, ce que la nature lui avait d'abord refusé (1). Ces

(1) Il serait injuste de s'emparer de ce fait et de celui qui le précède, pour argumenter contre la physiognomonie; car cette science, prise dans toute son étendue, ne considère pas seulement les traits du visage, elle va plus

faits font voir avec quel soin on peut réformer ses moeurs, et combien la physiognomonie était cultivée dans l'antiquité. *Aristote* la proposait à *Alexandre-le-grand*, comme une science qui lui serait utile dans le choix de ses ministres. Avicenne en démontre la nécessité, pour les médecins qui veulent bien connaître les maladies : enfin il me paraît que celui qui refuse de s'y adonner, n'aime pas la philosophie, et n'est pas soigneux du bonheur de sa vie. Remarquons ici cependant, qu'il ne faut pas abuser de cet art observateur ; il deviendrait nuisible dans les mains de celui qui n'aurait d'autre intention que de nuire aux autres : n'oublions jamais les devoirs que l'humanité et la société nous imposent.

loin. Aussi, pour bien juger un homme, il ne faut pas s'arrêter simplement à sa figure Si Zopyrus et Philémon avaient pris quelques renseignemens, l'un sur le compte de Socrate, et l'autre sur le compte du père de la médecine, ils auraient porté un tout autre jugement : je ne veux pas nier cependant que celui qu'ils ont porté ne leur fasse honneur. (*Note du Traducteur.*)

Je définis la physiognomonie , *une Science qui fait connaître les mœurs et le naturel des hommes , par des signes extérieurs , qui sont fixes et permanens , et quelquefois par des accidens que l'expérience a démontré désigner telle ou telle affection.*

Je dis premièrement, *les mœurs et le naturel des hommes ;* car nous ne voulons point parler de certaines qualités accidentelles que l'homme peut recevoir avec le temps, comme d'être *médecin, mathématicien,* etc. Les signes qu'on tire des diverses parties du corps, ne sauraient dénoter ces qualités.

Je dis, en second lieu , et *quelquefois par des accidens ,* etc. parce que plusieurs affections de l'ame se présentent quelquefois à nous sous des apparences qui ne sont qu'éphémères. Ainsi la crainte est caractérisée , entre autres choses , par une pâleur qui n'est qu'accidentelle.

Parmi les signes qu'on tire du corps, les uns sont *propres ,* les autres sont *communs ;* les premiers sont les plus impor-

tans, et conviennent toujours aux affections qu'ils dénotent ; par exemple, avoir
des membres robustes , est le signe propre de la force. Les signes communs
sont ceux qui peuvent se rapporter in-
différemment, par eux - mêmes , à plusieurs affections : ainsi, un des signes de
la crainte est la pâleur du visage ; mais
ce signe peut aussi convenir à d'autres
affections de l'ame.

Les anciens avaient plusieurs méthodes
pour juger des mœurs et du naturel des
hommes ; les uns considéraient la qualité des humeurs , les tempéramens soit
généraux , soit particuliers, de tel ou tel
organe : ces objets , en général , sont
fort importans dans l'étude de la physiognomonie, comme nous le verrons plus
bas : d'autres faisaient des rapprochemens des diverses parties de l'homme avec
celles de divers animaux; il y en avait qui
ne jugeaient que d'après les signes tirés du
visage;c'était la méthode de *Philon,*qu'*A-
ristote*condamna comme trop limitée.Pour

lui, il enseigne d'abord celle de juger d'après la nature des signes, et de les prendre ensuite par leurs contraires. Ainsi, s'il est vrai qu'une poitrine couverte de poils épais, annonce un naturel prompt et enclin à la colère, ne pouvons-nous pas juger, dit-il, prenant le signe par son contraire, que la poitrine non velue est la marque de la douceur? A cette méthode, il en faut joindre une autre qui appartient également à ce grand philosophe ; elle consiste à déterminer, d'aprèsquelquesaffectionsconnues, celles qui ne le sont pas; elle s'exerce par un raisonnement, et on y procède en argumentant de cette manière : *celui-ci est pauvre, donc, il est doux et traitable.* Si on connaît par les signes extérieurs, qu'un homme est porté à la colère, triste et vindicatif, on peut inférer qu'il est aussi envieux, sans que pour cela il soit nécessaire qu'il se manifeste sur tout son corps des signes de cette passion. Aristote préfère cette méthode à la dialectique, parce que, d'une proposition, on en infère une autre qui en est la conséquence.

Je neparlerai point des autres méthodes. Quant à celle que je suivrai, elle consiste à tirer de toutes les parties du corps, tous les signes qui s'y présentent, et à ne leur donner d'autre valeur que celle que l'expérience approuve : ou bien qui est appuyée sur l'autorité des auteurs qui ont écrit sur cette matière.

Après avoir donné à la définition de la physiognomonie et aux méthodes qu'on a suivies, en traitant cette science, quelques développemens nécessaires, il est essentiel, je crois, de démontrer qu'elle a une base réelle, c'est ce que je ferai ; non pas en accumulant un grand nombre de faits qui attestent la justesse des décisions du physionomiste, parce que cela me conduirait trop loin ; mais en prouvant qu'il existe entre l'ame et le corps, une grande sympathie, un rapport intime : c'est ce qui est indispensable ; or c'est ce que la raison et l'expérience journalièredémontrent.Nous ne pouvonspoint douter, en effet, que les impressions que le corps reçoit, ne se réfléchissent jusqu'à l'ame, et que, de même, les affections de l'ame ne portent leur influence sur tout le corps. L'œil est-il frappé par les rayons de la lumière que réfléchit un objet extérieur, l'ame en est avertie ; elle voit cet objet, elle le distingue de tout autre dans les maladies aiguës. Lorsque le corps est vivement affecté, le trouble des facultés intellectuelles va quelquefois jusqu'au délire furieux ; mais c'est sur-tout l'effet des passions qui manifeste cette connection intime. Voyez comment *Virgile* dépeint l'égarement de *Didon*, éprise d'amour pour *Enée* :

« Sævit inops animi, totamque incensa per urbem
» Bacchatur, qualis commotis excita sacris,
» Thyas, ubi audito stimulant trieterica Baccho
» Orgia »........

Dans quel état était réduite cette marâtre dont parle *Apulée*, qui brûlait d'un amour aussi violent qu'impur pour le fils de son époux ! « La pâleur est ré-

» pandue sur tout son corps amaigri,
» ses yeux sont languissans, ses genoux
» peuvent à peine la soutenir, son som-
» meil est sans cesse agité par les idées
» les plus affreuses ; tantôt son cœur pal-
» pite et elle respire à peine, tantôt il
» se resserre en lui causant des angoisses
» cruelles. »

Les effets de cette passion sont aussi bien remarquables dans les animaux. Il faut lire le tableau que *Virgile* en fait dans ses bucoliques.

« Carpit enim vires paulatim, uritque videndo.
Femina, nec nemorum patitur meminisse nec herbæ, etc. »

Parmi les autres affections de l'ame, il en est deux, sur-tout, la joie et la tristesse, qui, portées à l'excès, causent des changemens étonnans dans le corps humain. On lit dans quelques auteurs qu'*Hécube*, accablée de douleur par la mort de son époux et de plusieurs de ses enfans, en apprenant, de plus, celle de son cher *Polydore*, poussa des cris épouvantables, qui ressemblaient aux aboiemens d'un chien. *Gellino* rapporte un fait très-frappant. Diagoras de Rhodes, dit-il, avait trois fils, qui, tous trois, sortirent victorieux des jeux olympiques, et y furent couronnés en sa présence; ces jeunes gens, au sortir du combat, étant venus l'embrasser, ce bon père éprouva tout à coup une joie si excessive qu'il expira entre les bras de ses enfans. Après la bataille de Cannes, où l'armée romaine fut battue et entièrement défaite, une dame romaine, à qui on avait faussement annoncé la mort de son fils, le voyant cependant arriver à l'improviste, mourut à l'heure même par l'excès de sa joie. « *La tristesse*, dit Salomon, *dessèche* » *l'homme jusqu'aux os, et la joie lui* » *rend le visage gai et toute sa vigueur.* » Certes ! tout cela n'aurait pas lieu sans le rapport qui existe entre l'ame et le corps : la physiognomonie a donc une base réelle.

Le physionomiste doit étudier ce rapport, et les effets qui en résultent ; ce champ est vaste, il comprend toutes les affections de l'ame.

Il doit aussi étudier les diverses constitutions, les tempéramens, l'influence des climats.

Chaque tempérament a un caractère propre : les hommes d'un tempérament sanguin, sont courageux et agissans ; ils aiment le luxe et les plaisirs, ils bannissent les soucis, les chagrins et les inquiétudes : aimables et gracieux, ils ne cherchent qu'à mener une vie délicate et sensuelle.

Les flegmatiques sont d'un caractère paisible, doux et tranquille ; leur imagination est lente, leur mémoire est infidèle ; toutes leurs fonctions se font d'une manière faible et languissante.

Les personnes qui sont, au contraire, d'un tempérament bilieux, ont l'esprit grand, pénétrant et tout à fait propre aux sciences. Ces hommes sont opiniâtres et colères, ils ont beaucoup d'aptitude à saisir promptement les choses, et à en pénétrer facilement la nature.

Les mélancoliques sont tristes, rêveurs, inquiets et craintifs : presque toujours absorbés dans les méditations, ils sont propres à réussir dans l'étude des sciences abstraites : ils ont des idées justes, un raisonnement sain et un jugement exact.

Chaque climat offre aussi des différences dans le génie, le caractère, les mœurs et les coutumes des hommes. « Qui peut » ignorer, dit Galien, combien diffèrent » de corps et d'esprit, les peuples septentrionaux, de ceux qui vivent sous » la zone torride ? leurs coutumes sont » tout à fait opposées. Qui peut ignorer » encore que ceux qui habitent les régions tempérées, et tiennent le milieu » entre les peuples du Midi et ceux du » Nord, aient un corps mieux conformé, » des mœurs plus douces et plus policées, un génie plus heureux, une prudence plus grande ? »

Je reviens à présent à un autre objet d'étude pour le physiognomoniste; c'est celui qui fait la matière de ce traité. J'ai divisé mon ouvrage en deux livres ; le premier comprend l'examen des parties extérieures de l'homme et des signes qu'elles présentent ; signes qui dépendent de la grandeur, de la forme, de la beauté, de la couleur, des mouvemens et des fonctions dont chaque partie est susceptible. Le second livre renferme des descriptions physiognomoniques de l'homme considéré sous le rapport de ses facultés intellectuelles et de ses qualités morales : ainsi, on verra dans cette seconde partie, la réunion des signes qui sont considérés isolément dans la première.

En faisant l'examen particulier des signes extérieurs, nous rencontrerons souvent des parties du corps qui en offrent un plus grand nombre, et de plus importans ; j'ai fait graver avec beaucoup de soin, la figure de l'homme et celle de la femme ; toutes ces parties y sont dessinées avec l'expression qui leur est propre, afin qu'elles fassent plus d'impression sur l'esprit des lecteurs. Ainsi on ne devra pas se borner à consulter ces figures pour les articles seuls devant lesquels je les ai placées dans le vo lume, mais bien , toutes les fois qu'on rencontrera dans l'ouvrage , la description de quelques signes qui y auront rapport. J'ai fait faire aussi deux gravures représentant le hibou et le chien de chasse , animaux avec lesquels les traits de bien des hommes ont de grandes analogies. Je pense que les gens sensés ne trouveront pas mauvais que je fasse ce rapprochement : la critique des autres m'est fort indifférente : au reste , ma réponse est , qu'il existe dans la nature beaucoup de ressemblance entre l'homme et certains animaux.

Il faut sans doute un objet de comparaison, auquel puisse se rapporter tout ce que je vais dire de la grandeur , de la forme et de la beauté du corps humain : je suppose donc un homme doué d'une bonne constitution, dans la vigueur de l'âge , bien organisé dans toutes ses parties , tel en un mot que nous le croyons sorti des mains de la Divinité , l'homme, ce chef-d'œuvre de la Providence , l'abrégé des merveilles de la nature , en qui Dieu a gravé son image et imprimé les caractères brillans de sa souveraine majesté, et pour tout dire, en un mot , un Dieu lui-même sur la terre; l'homme considéré au physique , a le corps carré , et des formes bien proportionnées ; sa tête n'est ni trop grosse ni trop petite; son visage est ovale , ses sourcils courbés et bien dessinés , l'œil grand et vif, les joues bien colorées , le nez ni trop long , ni trop gros , bien situé , la bouche médiocre, les lèvres vermeilles , d'un dessin correct , les dents blanches , propres et bien arrangées , le menton carré , le cou droit sans être roide , bien situé , les épaules larges, sans roideur , la poitrine large , ni trop convexe, ni trop concave , le ventre ni trop gros , ni trop aplati , les bras , les cuisses et les jambes musculeux, bien articulés, le dos large , les reins forts , mais souples , les pieds et les mains assez grands et très-libres dans leurs mouvemens , un maintien aisé , une démarche fière, la voix grave et belle. Au moral, il a le cœur généreux, il est sans crainte, juste et sans détour ; il aime la gloire et s'empare de toutes les occasions d'en acquérir.

LE
PHYSIONOMISTE,
OU
L'OBSERVATEUR DE L'HOMME.

LIVRE PREMIER.

EXAMEN DES PARTIES EXTÉRIEURES DE L'HOMME,
ET DES SIGNES QU'ELLES PRÉSENTENT.

Nous divisons ce Livre en quatre parties : la
première traite des signes qui appartiennent à la
tête; la deuxième, de ceux que présente le tronc;
la troisième, de ceux qui se tirent des membres;
la quatrième renferme quelques considérations
sur la stature, sur les corps bien ou mal proportionnés, sur ceux qui sont couverts de poils ou
qui en sont dépourvus.

PREMIERE PARTIE.

Des signes qui se tirent de la tête.

La tête, partie la plus élevée du corps, est bornée en bas par le cou qui la soutient.

Deux raisons nous engagent à commencer par elle.

1°. *Elle est la plus noble de toutes les parties.* Siége en effet des organes des sens, de la vue, de l'ouïe, de l'odorat et du goût, c'est dans son intérieur que viennent se rendre toutes les impressions externes, comme à leur centre commun. C'est aussi dans son intérieur que les facultés de l'entendement ont établi leur domaine : c'est de là qu'une des plus importantes d'entre elles, la volonté, commande aux divers organes destinés par la nature à exécuter ses lois.

2°. *Elle est la plus intéressante sous les rapports physiognomoniques.* L'observation le démontre ; elle a souvent prouvé qu'il suffit de jeter les regards sur la tête d'un homme, pour être à même de juger de l'état de son cœur.

Les signes physiognomoniques que nous tire-
rons de la tête peuvent être distingués en ceux
qu'elle nous présente considérée dans son entier,
et en ceux qui émanent de la considération de
ses différentes parties.

PREMIERE SECTION.

*Des signes qui se tirent de la tête considérée
dans son entier.*

CES signes ont rapport au volume de la tête, ou
à sa forme.

CHAPITRE PREMIER.

Des signes relatifs au volume de la tête.

§. Ier. *Tête très-grosse.*

Polémon et Adamantius, dans leur Physiognomonie, regardent une grosse tête comme un
signe d'un esprit borné et indocile.

Albertus, dans son livre des Animaux, dit
qu'une tête énorme, qui, à cause de sa grandeur,

se porte vers les épaules, manque de sens et d'énergie ; un peu plus loin, il ajoute qu'une tête très-volumineuse est le siége de la folie, de la sottise et de l'indocilité.

Aristote, dans son livre *du Sommeil et de la Veille*, dit que ceux qui ont la tête volumineuse sont enclins au sommeil. Le même auteur, dans ses écrits sur la physiognomonie, regarde une grosse tête et le penchant au sommeil comme deux choses inséparables. Nous croyons que les personnes à tête volumineuse peuvent être comparées aux ânes : les uns et les autres sont ineptes, stupides et lâches. On peut dire la même chose des autres animaux dont la tête est volumineuse. 1°. Parmi les oiseaux, on voit les hiboux mener une vie très-oisive, et ne présenter que peu d'aptitude au vol, à cause du volume et du poids énorme de leur tête. C'est un animal nocturne, il ne vit que dans les lieux retirés et ténébreux, et s'il avait le malheur de se montrer au grand jour, il se verrait bientôt dépouillé de ses plumes par les autres oiseaux ; car il est trop lâche pour lutter contre eux ; et ceux-ci, toujours certains de remporter la victoire, ne laissent échapper aucune occasion de lui livrer bataille.

Le poisson connu vulgairement sous le nom de *meûnier*, a une grosse tête : c'est pourquoi il a aussi été appelé *têtu*. Il est remarquable par son

inertie et par ses mœurs ridicules ; car , suivant
Aristóte, lorsque par crainte il cache sa tête , il
croit son corps à l'abri de tout danger.

En général, tous les animaux à très-grosse tête
sont stupides et hébétés ; car les vastes têtes sup-
posent une organisation vicieuse : elles ne contiennent qu'une masse de matière, pour ainsi dire
inanimée , sur-tout lorsqu'elles sont jointes à un
visage difforme : alors elles annoncent toujours
une lésion dans la faculté de penser , n'ont que
très-peu d'intelligence ou en sont entièrement
dépourvues ; et lorsqu'un animal quelconque ressemble par sa tête , à un animal d'une autre espèce , il s'en rapproche aussi par son intelligence
et par ses mœurs. Voilà pourquoi nous observons
que les personnes à tête volumineuse sont lâches,
rustiques et craintives , et nous avons souvent
occasion de nous écrier : « O quelle tête, et qu'elle
» renferme peu de bon sens! »

L'empereur Vitellius avait reçu une grosse tête
en partage, au-delà de sa rusticité.

§. II. *Tête plus grosse que médiocre.*

Aristote dit dans ses écrits sur la physiognomonie : « Ceux qui ont la tête d'un volume un peu
plus que médiocre, par exemple comme celle
des chiens de chasse que nous appelons braques,
sont, comme eux, sensés, remplis de sagacité et
doués d'un odorat très-fin. »

Polémon prétend que les têtes qui surpassent un peu la mesure ordinaire, sont remplies de bon sens et *illibérales ;* mais ce texte est défectueux: Adamantius le corrige en n'attribuant l'*illibéralité* qu'aux têtes plus volumineuses que ces dernières, celles - ci étant, suivant cet auteur, sensées, fortes et magnanimes. Albert dit qu'une tête un peu plus grosse que médiocre respire l'intelligence, l'énergie et la magnanimité. Les Egyptiens peignaient leur idole Anubis, que quelques uns prennent pour Mercure, avec une tête de chien, donnant pour raison qu'aucun animal n'a autant de sagacité qu'un chien. Parmi les oiseaux, les perroquets ont une assez grosse tête, aussi apprennent-ils à parler. Galien, dans son livre intitulé *Art Médicinal,* dit que le jugement que l'on porte sur la grosseur de la tête, est souvent erroné, parce qu'on ne porte son attention que sur son volume qui, considéré abstractivement, n'est pas un signe certain de sa bonne constitution ; mais lorsqu'une grosse tête présente un visage dont les traits sont gracieux et bien marqués, les yeux bien organisés, lorsqu'elle est soutenue par un cou solide, musculeux, bien partagé du côté des vertèbres, et proportionné à son volume, une semblable tête, dit Galien, est un très-bon signe ; et on lit dans son livre des *Maladies vulgaires :* « De même qu'une large

» poitrine, contenant dans son ample cavité des
» poumons bien développés et un grand cœur
» dont les fonctions s'exercent librement, sont
» un signe d'énergie vitale, de même aussi une
» grosse tête et une épine du dos en propor-
» tion, contenant, l'une un vaste cerveau, et
» l'autre une moelle d'un large diamètre, sont
» très-propres à séparer les esprits animaux : de
» là l'énergie des facultés intellectuelles. »

Avicenne dit la même chose, d'après Galien.

Jean Alexandrin, dans ses Commentaires sur
Hippocrate, s'exprime ainsi : « On recherche une
» tête dont la capacité soit vaste, parce qu'elle
» est le réceptacle des facultés sensitives, très-
» profondes, et la source des grands mouve-
» mens. Si le cerveau est ample en proportion
» de la tête, il est évident qu'il s'y développe
» beaucoup de chaleur : si les vertèbres sont
» grandes, ainsi que les os de la poitrine, les
» forces vitales et la nutrition de toutes les parties
» du corps sont énergiques. » On voit, d'après
les statues de marbre représentant Platon, que
sa tête excédait un peu en proportion les autres
parties du corps, ce qui répondait fort bien à
la perspicacité et à la force de son esprit.

§. III. *Téte très-petite.*

Aristote, dans ses écrits sur la physiognomo-nie, dit que ceux qui ont la tête petite, sont presqu'insensés : il les compare aux ânes ; mais les ânes, comme nous l'avons dit, bien loin d'a-voir une petite tête, en ont une grosse. Il est donc probable qu'il y a une faute dans le texte, puisque Polémon et Adamantius disent que ceux qui ont une très-petite tête sont dépourvus de bon sens, et de toute conception humaine, sans les comparer aux ânes ; et qu'Aristote lui-même, en décrivant la forme d'une femme, lui donne une petite tête, et ne la compare pas à un âne, mais à la panthère. Il paraît donc, comme nous venons de le dire, que le texte où il fait cette première comparaison est défectueux, à moins qu'Aristote n'ait entendu par *petite tête*, le peu d'intelligence ou le peu de substance cérébrale ; car les têtes des ânes, quoiqu'elles paraissent vo-lumineuses, ne le sont que sous le rapport des os du crâne, et de la masse de chair et de peau qui les environne : elles sont au contraire très-petites sous le rapport du cerveau.

Rhases dit la même chose qu'Adamantius. Avicenne établit qu'une très-petite tête, jointe à un visage sans grace, un cou et un dos faibles, est dépourvue de toute vertu morale, naturelle et animale, et qu'en conséquence l'homme à qui une pareille tête appartient est perfide, enclin à la colère et hésitant dans ses résolutions.

Nous croyons pouvoir le comparer à une autruche. En effet, cet oiseau a une très-petite tête, un cou très-allongé, un grand corps, et il est très-stupide; malgré le volume de son corps, il se croit à l'abri de la poursuite des chasseurs, lorsque (ne pouvant les éviter autrement) il cache sa tête dans un arbuste, ou qu'il la place à l'ombre. Job avait dit : *Struthionem Deus privavit sapientiâ non dedit illi intelligentiam.*

Galien dit qu'une très-petite tête est un signe particulier de la mauvaise constitution du cerveau, et d'une espèce d'imbécillité, qu'il attribue à la constriction des ventricules du cerveau, laquelle empêche la libre expansion des esprits animaux; car une petite racine ne peut guère produire quelque chose de grand. St-Thomas, en commentant l'ouvrage d'Arioste, *sur les sens* et *les choses sensibles*, s'exprime ainsi : « Le cœur et le
» cerveau sont situés à l'opposite l'un de l'autre,
» afin que la chaleur du premier modère le froid
» du second; voilà pourquoi les hommes qui
» ont une petite tête en proportion des autres
» parties du corps, sont impétueux et violens ;
» la chaleur du cœur n'étant pas suffisamment

» réfléchie, comme cela a lieu dans la disposition
» contraire, il doit en résulter un effet opposé. »

Le philosophe Mélétius dit que la tête n'est
faite qu'en faveur du cerveau, qu'il est évident
qu'une partie contenante est toujours en proportion de la partie contenue, et qu'une tête dont la
capacité est très-petite est un signe d'un méchant
cerveau; et comme toutes les actions de notre
corps appartiennent au cerveau, que tous les
mouvemens qu'exercent nos membres, ceux
même qui se font à l'extrémité des orteils, ont
leurs principes dans le cerveau, il est manifeste
que ceux qui ont une très-petite tête ne peuvent, à cause de la petitesse de l'organe qu'elle
contient, faire toutes les choses qu'exécutent les
personnes dont la tête est plus volumineuse : ainsi,
une petite tête est autant petite dans ses actions,
qu'elle l'est en volume.

§. IV. *Tête plutôt grosse que petite.*

Aristote dit dans son livre des Problêmes, que
l'homme qui a une tête petite en proportion des
autres parties du corps, est le plus prudent de
tous les animaux; et il remarque que ceux de
ces derniers qui l'ont petite, sont plus prudens
que ceux qui l'ont grosse; mais ce philosophe entend par *tête grosse*, une tête volumineuse, et
par *tête petite*, une tête maigre et un peu plus

grosse qu'une tête très-petite. Sans cette interprétation on trouverait une contradiction manifeste dans les écrits de ce grand philosophe.

§. V. *Tête médiocre.*

Aristote fait observer qu'Alexandre-le-Grand avait une tête médiocre, également éloignée des deux extrêmes. Polémon et Adamantius font l'éloge d'une semblable tête. On peut la comparer à celle du lion : en effet, cet animal a la tête médiocre proportionnément au volume de son corps, comme on peut le voir dans la description qu'en a donnée Aristote. Albert dit qu'une tête de moyenne grosseur est un signe de génie et d'intelligence, et quelquefois cependant de timidité et de libéralité. Quant à nous, bien loin de la croire timide, nous la jugeons pleine d'une belle audace et d'une grandeur d'ame, et nous la comparons à celle du lion.

CHAPITRE II.

Des signes relatifs à la forme de la tête.

Hippocrate et Galien distinguent cinq variétés de forme à la tête : la première est la forme naturelle ; les quatre autres s'en éloignent et sont remarquables par plus ou moins de difformités.

La forme naturelle de la tête est celle d'une

sphère, un peu allongée du front à l'occiput, et légèrement déprimée sur les côtés. Cette forme est déterminée par une éminence sensible, mais médiocre du front et de l'occiput.

La première espèce de difformité est celle dans laquelle l'éminence antérieure ou frontale est déprimée et même remplacée par une espèce de creux, tandis que l'éminence postérieure ou occipitale conserve son état naturel; la deuxième espèce de difformité est celle qui présente une disposition inverse à la précédente, c'est-à-dire, dans laquelle l'éminence postérieure ou occipitale est déprimée, l'antérieure ou la frontale conservant son état naturel; la troisième espèce de difformité est celle où les deux éminences sont nulles, ce qui donne à la tête une forme entièrement sphérique; la quatrième espèce de difformité est celle dans laquelle la tête est plus saillante à la région temporale des deux côtés, qu'antérieurement et postérieurement.

Nous allons rapidement examiner sous les rapports physiognomoniques ces cinq variétés de forme, auxquelles nous en ajouterons cinq autres : 1°. celle des tempes caves, 2°. celle où l'éminence frontale est plus considérable que dans l'état naturel, 3°. celle où c'est l'éminence occipitale qui présente cette disposition, 4°. celle des têtes pointues, 5°. celle des têtes plates :

ainsi, en y comprenant la forme naturelle, nous avons dix variétés de forme à considérer.

§. Ier. *Première variété.*

Front et occiput saillant, tête naturelle, d'après Hippocrate.

Cette forme de tête est la seule qui ait été jugée naturelle et parfaite par les médecins. Galien, dans son *Art Médicinal*, compare la forme d'une tête parfaite à celle d'une sphère légèrement aplatie sur les côtés ; c'est aussi la forme à laquelle Avicenne donne la préférence. Suivant Polémon et Adamantius, une tête d'un volume médiocre et légèrement déprimée sur les côtés, est douée de plus de sensibilité et de grandeur d'ame que toute autre espèce de tête. Rhésis est du même avis. Albert dit qu'une tête légèrement allongée d'avant en arrière, est celle d'un homme prévoyant et circonspect. Périclès athénien avait, à ce qu'on rapporte, une semblable tête, et c'était un homme parfait. Suivant Plutarque, la tête de Périclès était aussi remarquable par son volume un peu plus considérable que celui d'une tête ordinaire, et par conséquent en disproportion avec les autres parties du corps ; et c'était pour cette raison que les têtes des statues qui le représentaient, étaient couvertes d'un heaume ; car les sculpteurs, jaloux de faire des ouvrages parfaits, auraient craint sans cela qu'on ne leur eût reproché d'avoir manqué aux proportions. Au reste, Périclès était doué d'une force considérable, d'une vive sensibilité dans les organes des sens, d'une magnanimité incomparable, enfin, d'un esprit sublime et d'une prudence consommée.

§. II. 2me. *Variété. Front déprimé.*

Albert pense qu'une tête dont le front au lieu de saillir, est, pour ainsi dire enfoncé, se livre à la supercherie et à la colère. Nous la jugeons depourvue de sens et d'imagination.

§. III. 3me. *Variété. Occiput déprimé.*

Polémon et Adamantius attribuent un caractère timide à ceux dont la tête ne forme aucune saillie à l'occiput. Galien croit que dans ce cas on ne doit pas se borner à l'examen de la tête, mais qu'il faut aussi jeter les yeux sur le cou; lorsque celui-ci est bien constitué, la dépression de l'occiput est plutôt due, suivant cet auteur, au peu d'épaisseur des parties extérieures, qu'au défaut de masse cérébrale, et on ne peut en tirer aucune conjecture désavantageuse; mais lorsque le cou est grêle et faible, comme cela arrive presque toujours lorsque la saillie occipitale manque, c'est un signe de débilité dans les systèmes musculaire et osseux. La plupart des Allemands ont l'occiput déprimé et la tête large, parce que dans leur première enfance, ils couchent sur le dos, et les mains liées sur les côtés du berceau.

§. IV. 4ᵐᵉ. *Variété. Front et occiput déprimés.*

Lorsque les éminences frontale et occipitale n'existent pas, ce qui donne à la partie supérieure de la tête une forme sphérique, c'est un très-mauvais signe. Albertus n'accorde à une semblable tête ni mémoire, ni sens, ni sagesse. C'est un point de doctrine en médecine que le non développement d'une partie quelconque de la tête entraîne un trouble dans les fonctions qui s'y exercent, que par conséquent la dépression de la partie antérieure indique peu de sens et d'imagination, que la partie postérieure est accompagnée d'une faible mémoire et de peu de force musculaire, que la dépression de la partie moyenne se joint à la lésion de la raison et de la pensée. Il est certain que la forme du cerveau correspond à celle du crâne : si celui-ci est altéré, celui-là doit l'être aussi.

Les Grecs et les Turcs ont la tête presque sphérique, parce qu'elle cède à la pression des enveloppes dont ils la couvrent.

§. V. 5ᵐᵉ. *Variété. Tempes saillantes.*

Aristote dit que ceux qui ont les tempes saillantes et les joues pleines sont très - irascibles;
et dans ses écrits sur la physiognomonie, il s'exprime ainsi : « Ceux qui ont les veines du cou
» et des régions temporales considérables, sont
» irascibles et d'une mauvaise colère; c'est à
» cette passion que l'on doit rapporter le dé-
» veloppement de ces derniers, puisqu'on les
» voit toujours se gonfler dans les personnes
» dont elle s'est emparée. »

Polémon et Adamantius disent la même
chose, d'après Aristote. Rhases attribue aussi,
d'après les mêmes auteurs, un caractère irascible aux têtes convexes latéralement. Albert
observe que la colère chez les personnes dont
les veines du cou et des tempes sont gonflées
et rouges, les porte quelquefois à la folie.

§. VI. 6ᵐᵉ. *Variété. Tempes caves.*

Les tempes caves appartiennent aux hommes
trompeurs, cruels et inhumains. L'empereur Caligula avait les tempes caves, les yeux enfoncés,
le regard féroce, le visage pâle : il s'étudiait, dit
Suétone, devant un miroir, à modifier les traits
de son visage, à lui donner un air farouche, cruel,
capable d'inspirer à tout le monde l'épouvante et

la terreur; on aurait dit qu'il voulait faire lire sur son front les noirs complots qu'il tramait dans son cœur, et l'on sait que sa vie ne fut qu'un tissu de cruautés; aussi Tibère avait-il dit de lui *qu'il élevait un serpent dans son sein.* Son plus grand plaisir, dès sa tendre enfance, était de voir appliquer des malheureux à la torture, de jouir de leur douleur. Sitôt que l'âge commença d'allumer dans son cœur les autres passions, il s'y livra sans réserve, sans égard, sans bienséance. Il vit périr sa mère et ses deux frères, sans en paraître ému. On assure qu'il fit empoisonner Antonia, son aïeule, fille de Marc-Antoine et nièce d'Auguste. Ayant un jour à sa table les deux consuls, Caïus-César et L. Apronius-Cesianus, il se mit à faire un grand éclat de rire, et comme ils lui en demandèrent la raison : « Je » pensais, leur répondit-il, que d'un clin d'œil » je puis vous faire couper la tête à tous les » deux. » Il fit périr son frère par les mains de son beau-père Sillanus, qu'il contraignit de lui couper la gorge avec un rasoir; il immola à sa barbarie un grand nombre de Romains, et s'écria une fois en plein spectacle : « Je voudrais » que le peuple romain n'eût qu'une tête, je » la lui ferais couper tout à l'heure. »

§. VII. 7me. *Variété. Front saillant.*

La partie antérieure de la tête étant le siége des organes de la vue, de l'odorat et du goût, la perfection de ces sens doit être favorisée par le développement du front, puisqu'il suppose un développement proportionné de la partie du cerveau d'où ils émanent.

§. VIII. 8me. *Variété. Occiput saillant.*

Cette forme de tête n'est pas toujours d'un mauvais augure, dit Galien, et après lui Avicenne, mais il ne faut pas la considérer abstractivement; car, quoique la partie postérieure de la tête soit le siége d'un organe important, le cervelet, elle ne peut fournir quelque donnée qu'autant qu'on la compare au cou, lequel dans le canal vertébral contient la moelle épinière, dont les fonctions sont intimément liées avec celles du cervelet, et sont relatives aux mouvemens des membres et de toutes les parties du corps; il faut donc observer si le cou est débile, ou s'il est robuste: s'il est débile, la saillie de l'occiput n'est pas un signe avantageux; mais s'il est robuste, elle indique une énergie très-grande dans les systèmes musculaire et osseux.

§. IX. 9me. *Variété. Tête pointue.*

Aristote, dans ses écrits sur la physiognomonie, dit que ceux qui ont la tête pointue, sont sans honte : il les compare aux corbeaux et aux cailles ; ceux-ci, en effet, ont la tête pointue, et sont remarquables par leur impudence. Albert regarde aussi, avec Aristote, une tête pointue comme un signe d'impudence. Homère rapporte que Thersite avait une semblable tête, et qu'il était fort impudent.

§. X. 10me. *Variété. Tête plate.*

Albert dit qu'une tête superficiellement aplatie appartient à un homme insolent et effréné.

SECTION II.

Des signes qui se tirent de la tête, considérée dans ses différentes parties.

Toute la partie de la tête qui n'appartient pas à la face est recouverte par les cheveux, à l'exception de la portion des régions temporales occupée par les oreilles. Nous sommes donc naturellement conduits à examiner successivement les signes tirés des cheveux, ceux tirés des oreilles, et enfin, ceux que présente la face.

CHAPITRE PREMIER.

Des signes que présentent les cheveux.

Les considérations que les cheveux nous présentent sont relatives à leur quantité et à leur qualité.

ARTICLE PREMIER.

Signes tirés de leur quantité.

Les cheveux considérés sous le rapport de leur quantité, sont ou rares, ou épais, ou bien ils tiennent le milieu entre les cheveux rares et les cheveux épais.

§. I. *Cheveux rares.*

Suivant Polémon et Adamantius, les cheveux rares sont un signe d'un esprit rusé et malicieux; mais il faut remarquer que leur texte est erroné. Voici ce que dit Aristote dans son livre des problêmes : « Ceux qui ont la tête chauve, sont las-» cifs ; car celui qui est arrivé à un âge un peu » avancé, et qui conserve encore toute sa cheve-» lure, n'a qu'à se livrer immodérément aux plai-» sirs de Vénus pour la voir bientôt tomber. » En effet, la volupté, en appelant les forces de la vie vers les organes où elle a établi son siége, dimi-nue la vitalité des parties supérieures ; celles-ci recevant alors moins de sang que dans l'état actuel, ne peuvent fournir aux cheveux la ma-tière nutritive nécessaire à leur conservation, et cette privation d'aliment détermine leur chute.

« Les eunuques, dit Aristote dans un autre » endroit, ne deviennent jamais chauves, parce » que, comme ils ne peuvent jouir des femmes, » le cerveau dont l'énergie est toujours en raison » inverse de celle des organes générateurs, reçoit » chez eux plus de nourriture; car c'est lui qui » semble fournir les matériaux de la semence, » et ces matériaux n'étant pas employés à la fonc-» tion à laquelle la nature les destinait, doivent » tourner au profit de l'organe d'où ils émanent:

» c'est pour cette raison que les cerfs châtrés ne
» perdent pas leur bois , que les cornes des
» bœufs ont plus d'étendue que celles des tau-
» reaux , et que les enfans et les femmes ne de-
» viennent pas chauves. » Suivant Hippocrate,
il y a plus de chaleur dans une tête dont les
cheveux sont en petite quantité , que dans une
autre. Les médecins disent qu'une chevelure
rare et ténue est un signe d'une chaleur modérée , jointe à une extrême sécheresse , et que
cette sécheresse étant la cause de la chute des
cheveux , rend bientôt la tête chauve.

Socrate était chauve au-dessus du front , suivant les écrits d'Ammonius et d'Hieronymus :
voilà pourquoi Zopyrus l'a jugé enclin à la luxure.
Julius-César avait la tête chauve au-dessus du
front , aussi donnait-elle prise à la méchanceté
de ses détracteurs ; c'était afin qu'on s'aperçût
moins de l'état de sa chevelure , qu'il avait coutume de diriger vers le front les cheveux du
sommet de sa tête ; et de tous les honneurs que le
sénat et le peuple lui décernèrent, il n'en reçut
aucun avec plus de satisfaction que celui de la
couronne de laurier, qu'il eut le droit de porter
continuellement sur sa tête. Suétone fait bien
remarquer son penchant à la débauche, en rap-
portant les expressions de ses soldats : *urbani,
servate uxores , nam mœchum calvum addu-*

cimus ; habitans des villes, surveillez vos épou-
ses, car nous conduisons un adultère chauve. On
connaît l'histoire de ses amours avec Nicomède,
celle de plusieurs reines qu'il aimait, et le nombre de femmes qu'il a épousées.

Caligula avait les cheveux rares : le peuple le
comparait à une chèvre, et l'appelait de ce nom
parce qu'il était chauve vers le sommet de la tête,
aussi était-il connu par ses débauches. Suétone
fait mention de ses amours criminelles avec ses
sœurs ; de son commerce dégoûtant et contraire
aux vœux de la nature, avec des hommes qu'il
avait rendus aussi impudiques que lui.

Othon était chauve, et c'était afin qu'on ne
s'en aperçût pas, qu'il couvrait sa tête d'une
perruque ; la dépravation de ses mœurs, et sur-
tout son penchant irrésistible pour la débauche,
le faisait ressembler à Néron.

Flavius-Domitianus ne fut pas mieux partagé
du côté de la chevelure ; il était, comme ceux
dont nous venons de parler, enclin à la débauche
et au concubinage : il était toujours environné
des plus viles courtisannes. Il séduisit la fille de
son frère, et perdit tellement son honneur qu'on
la regardait indigne du mariage.

On peut dire la même chose de la chevelure
et des mœurs de Sergius - Galba ; mais son
goût dépravé le portait plutôt vers ses sembla-

bles que vers les femmes, et il choisissait les hommes les plus exercés et les plus endurcis même dans la débauche.

§. II. *Cheveux épais.*

Polémon attribue un caractère farouche à ceux qui ont les cheveux durs; mais suivant Adamantius, ce caractère est le propre de ceux qui ont les cheveux épais. Albert dit que l'extrême épaisseur des cheveux dans la jeunesse, est, avec les progrès de l'âge, un présage de manie. Nous avons toujours remarqué que ceux qui avaient une épaisse chevelure, étaient d'un caractère grossier et dur. Plutarque rapporte que Lysandre avait les cheveux d'une épaisseur considérable.

§. III. *Cheveux d'une moyenne épaisseur.*

Suivant Polémon et Adamantius, les cheveux d'une moyenne épaisseur sont le signe d'un caractère agréable.

ARTICLE II.

Signes tirés de leurs qualités.

Les principales qualités des cheveux sont, 1°. leur forme : sous ce rapport ils peuvent être droits ou crépus; 2°. leur consistance : à cet égard ils sont mous ou durs; 3°. leur couleur qui se rapproche plus ou moins du noir , du rouge ou du blanc.

LEUR FORME.

§. Ier. *Cheveux droits.*

Aristote, dans ses écrits sur la physiognomonie, dit que ceux qui ont les cheveux droits sont timides, et c'est à la timidité qu'il rapporte cet état des cheveux. On lit dans un autre auteur, Ammien, que la crainte et la frayeur font dresser les cheveux, parce que ces deux sentimens glacent toute l'habitude du corps, et que les pores de la peau se resserrant par le spasme qui en résulte, embrassent fortement de tous côtés les poils auxquels ils livrent passage, et les forcent par cela même à prendre une direction verticale. C'est ce que Virgile exprime très-bien dans ce vers :

Obstupui, steteruntque comæ, et vox faucibus hæsit.

Polémon et Adamantius remarquent que les hommes qui ont les cheveux droits, sont rustiques et stupides; plus bas ils regardent ces cheveux comme étant le caractère de la timidité et de l'astuce; les mêmes auteurs, dans le tableau qu'ils tracent d'un fat méchant, lui donnent des cheveux droits, comme à ceux qui sont doués de mœurs grossières. Hippocrate, dans son livre *de la structure de l'homme*, dit que les cheveux droits reconnaissent pour cause la surabondance des humeurs qui se portent à la tête.

§. II. *Cheveux crépus.*

Aristote, dans ses écrits sur la physiognomonie, dit que ceux qui ont les cheveux trop crépus sont timides, et qu'on peut les comparer aux Ethiopiens.

Hippocrate, dans son livre de la *structure de l'homme*, trouve dans les cheveux crépus un signe de la chaleur de la tête; mais Aristote, dans *son cinquième livre de la génération des animaux*, et Galien, dans *son second livre des complexions*, rapportent que les cheveux peuvent devenir crépus par deux causes différentes, savoir : 1°. par la chaleur et la sécheresse; 2°. par la tortuosité des pores par lesquels ils sortent.

Il nous paraît que les cheveux peuvent aussi devenir crépus par le peu d'abondance de la transpiration cutanée, et par la dureté de la peau; car dans ce cas les cheveux qui croissent sont si déliés, que, ne pouvant se soutenir, ils se froncent, et se tournent en tous sens.

§. III. *Cheveux crépus à leurs extrémités.*

Aristote, dans ses écrits sur la physiognomonie, dit que les cheveux droits et les cheveux très-crépus annoncent la timidité, et que ceux qui ne sont crépus qu'à leur extrémité sont un signe de courage et d'énergie : il compare au lion l'homme dont les cheveux présentent cette disposition. Cet homme, suivant Polémon et Adamantius, est doué de très-bonnes qualités, même de génie. Dares, phrygien, rapporte dans ses écrits qu'Achille avait les cheveux bien crépus ; il dit la même chose d'Ajax-Télamon : l'un et l'autre se distinguèrent par leur valeur dans les combats. On lit dans Plutarque que Cimon avait la tête bien garnie de cheveux crépus, et qu'il était doué d'un grand courage. Auguste, au rapport de Suétone, avait les cheveux légèrement crépus : aussi eut-il de belles qualités, et fut-il ingénieux, magnanime, libéral.

LEUR CONSISTANCE.

§. IV. *Cheveux mous.*

Aristote fait observer à Alexandre que les cheveux plats et souples indiquent la douceur et peu d'énergie dans le cerveau ; et dans ses écrits sur la physiognomonie, il dit qu'ils sont un signe de timidité. Il remarque que tous les animaux qui ont le poil doux au toucher sont timides, tels que le cerf, le lièvre, la brebis, et que les oiseaux qui ont la plume molle, présentent le même caractère, comme les cailles, etc. Or, la même chose s'observe, dit Aristote, dans le genre humain, car tous les habitans du Midi sont timides, et ont les cheveux mous. Suivant Polémon et Adamantius, ceux qui ont de semblables cheveux sont efféminés et peuréux. Les lapins ont le poil mou, et sont très-timides. Catulle dit, en s'adressant à Tullus-Cinædus :

Tulle, molior cuniculi capillo.

§. V. *Cheveux durs.*

Les cheveux durs, suivant Aristote, annoncent la force : ce signe se rencontre dans les animaux quadrupèdes, dans les oiseaux et dans les différens peuples : 1°. parmi les quadrupèdes, le lion et le sanglier sont très-forts, et ont le poil très-dur; 2°. parmi les oiseaux, la nature a donné aux gallinacées et autres des plumes dures et une force plus ou moins grande ; 3°. dans le genre humain, les peuples du Nord ont les cheveux durs, et sont très-robustes.

Polémon et Adamantius peignent avec des cheveux durs l'homme fort, dont ils donnent la figure. Rhasès regarde aussi les cheveux durs comme un signe de force : les chiens de chasse sont très-robustes, et ont le poil dur. Juvénal est parfaitement d'accord avec les physiognomonistes ; voici comme il s'exprime :

Hispida membra quidem, et duræ per brachia setæ
Promittunt atrocem animum. . . . . . .

Polémon et Adamantius, en prenant la moyenne qualité entre les deux extrêmes, disent que les cheveux qui n'ont ni trop de dureté ni trop de mollesse, annoncent de très-bonnes qualités. Suivant Aristote, dans ses écrits sur la physiognomonie, ils caractérisent l'homme ingénieux.

LEUR COULEUR.

§. VI. *Cheveux noirs.*

Suivant Polémon et Adamantius, les cheveux noirs annoncent la timidité et l'astuce : ils sont l'apanage des habitans des pays très-chauds, comme les Ethiopiens : aussi sont-ils timides et rusés. Il n'est pas de notre objet de rechercher la cause de la couleur noire de leur peau ; d'ailleurs nous ne pourrions donner là-dessus que des hypothèses plus ou moins éloignées de la vérité. On peut consulter à cet égard Galien, Avicenne, Aristote et les physiologistes modernes.

§. VII. *Cheveux tirant sur le noir.*

Suivant Averroës, les cheveux d'un brun obscur, annoncent la prédominance de la bile noire : voilà pourquoi les hommes qui ont des cheveux de cette couleur sont atrabilaires et mélancoliques. Albert dit que les cheveux durs, épais et tirant sur le noir, appartiennent à l'homme impétueux : il le compare au sanglier, qui présente le même caractère, et dont les poils ont la même couleur. Dares, phrygien, rapporte qu'Ajax-Télamon avait les cheveux noirs, qu'il était très-mélancolique, puisqu'il s'est lui-même ôté la vie.

§. VIII. *Cheveux châtains.*

Polémon et Adamantius disent que les cheveux châtains sont un signe de promptitude, d'un esprit subtil et industrieux. Aristote dit à Alexandre que les cheveux châtains sont ceux de l'homme pacifique. Suivant Albert, ils indiquent les bonnes mœurs et une bonne constitution corporelle. Ménélas, qu'Homère dépeint avec des cheveux châtains, était, suivant cet auteur, d'un caractère extrêmement doux, et peu fait pour les armes; il se distingua plus par sa mollesse que par son courage. Plusieurs autres personnages célèbres dans l'antiquité avaient aussi une chevelure de la même couleur. On l'a observé dans Castor, Pollux et Hélène, et tous les trois se ressemblaient par leur caractère; dans Polixène, et elle avait une ame sans détour et libérale; dans Briséïs, et elle joignait à la droiture de son cœur une grande pudeur et beaucoup de piété; dans Pâris, aussi n'est-il pas dépeint par Homère d'un caractère belliqueux, ni par Ovide, qui lui fait adresser par la bouche d'Hélène ce doux reproche :

Apta magis Veneri quàm sunt tua corpora Marti:
Bella gerant alii ; tu , Pari, semper ama.

Auguste avait les cheveux châtains , légèrement tournés : il était plein de douceur et riche en vertus de tout genre. Soliman , fils de Sélim , avait les cheveux châtains ainsi que la barbe : il se rendit célèbre par sa justice , sa prudence , et sa philosophie.

§. IX. *Cheveux blonds.*

Aristote , dans ses écrits sur la physiognomonie, en parlant de la couleur de la peau et des cheveux , dit, qu'entre les diverses couleurs des cheveux , le blond tient le centre : c'est pourquoi il indique la force ; de là l'énergie et le courage de ceux qui ont les cheveux blonds : on peut , dit cet auteur , les comparer à des lions.

On lit dans les ouvrages des médecins , que les cheveux noirs annoncent un tempérament chaud, et les cheveux blancs un tempérament froid , et que les cheveux blonds , comme ceux qui tirent sur le rouge, tiennent le milieu entre les cheveux noirs et les blancs , puisqu'ils comportent une constitution moyenne entre le froid rigoureux et la chaleur brûlante. Suivant Galien, les cheveux blonds et rougeâtres indiquent une bonne constitution de corps.

Le bœuf troglodytique était de couleur fauve

jauue, comme le décrit Appianus, et les Tro-
glodytes, dans le pays desquels naquit cet animal, disaient qu'il joignait aux qualités d'un taureau vigoureux, la force du lion et l'agilité du
cheval.

§. X. *Cheveux très-blonds ou tirant sur le blanc.*

Suivant Polémon, les cheveux d'un blond
tirant sur le blanc, comme ceux des Scythes et
des Celtes, annoncent un caractère âpre, rustique et plein de malice. Adamantius substitue à
cette dernière qualité l'impéritie. Aristote, dans
son livre des problêmes, dit que ceux qui habitent
les climats brûlans, comme ceux qui sont re-
légués dans des régions glaciales, ont leur regard
aussi féroce que leurs mœurs, parce que la tem-
pérature influe autant sur les qualités morales
de l'homme, que sur l'organisation de son corps.
Avicenne, dans ses cantiques, regarde les cheveux blonds tirant sur le blanc, comme une
preuve de la prédominance du chaud sur le
froid. Albert dit que les cheveux épais, d'un
blond blanchâtre, comme ceux des habitans
des régions boréales, indiquent un caractère
indocile et féroce. Néron avait de semblables
cheveux, et l'on connaît la rudesse et la férocité de ses mœurs.

§. XI. *Cheveux de couleur d'or.*

Cette couleur tient le milieu entre le blond tirant sur le blanc et le roux pâle : elle est d'un bon augure. Si Minerve est dépeinte par les poètes avec les cheveux dorés, c'est à la grandeur de son génie et à l'éclat de ses vertus guerrières qu'elle doit cet avantage. Ovide dit de cette déesse :

Viderat Aglaurus flavæ secreta Minervæ.

§. XII. *Cheveux roux pâles.*

Les cheveux d'un roux pâle indiquent un tempérament chaud, mais cependant moins considérable que celui qui appartient aux noirs ; ils sont l'emblême de la colère. Aussi, Aristote dépeint-il l'homme colérique avec des cheveux tirant sur le roux, et Polémon le dépeint de la même manière. Homère rapporte qu'Achille avait les cheveux de cette couleur.

§. XIII. *Cheveux très-roux.*

Aristote dit à Alexandre que la couleur rousse des cheveux indique un esprit stupide, colère et trompeur : tels étaient probablement les cheveux du tyran Typhon, qui s'empara du royaume d'Egypte, après avoir tué son frère. C'est en sa mémoire que les Cophtes, chez les

Egyptiens, ont établi l'usage de précipiter tous les ans un âne du haut de leurs murs ; parce qu'ils prétendent que Typhon ressemblait à cet animal, tant par la couleur de ses cheveux, que par sa stupidité et ses mœurs. Plutarque en parle dans le livre où il donne l'histoire d'Isis, et il dit dans sa physiognomonie, que les hommes qui ont les cheveux roux sont rusés comme les renards. Aristote les compare aussi aux renards à cause de leur esprit trompeur et perfide. Suivant Polémon et Adamantius, ceux qui ont les cheveux de cette couleur, ont le naturel farouche et sauvage. Adamantius ajoute qu'ils joignent l'impudence à l'avidité du gain. Plaute, dans sa comédie intitulée *Asianaria*, dépeint Léonidas avec les cheveux roux : aussi lui donne-t-il un esprit rusé et un cœur avide d'argent.

§. XIV. *Cheveux blancs.*

Avicenne dit que les cheveux blancs annoncent un tempérament froid et par conséquent un caractère craintif. Averroës, dans ses cantiques, est du même avis. De toutes les explications aussi obscures que longues qu'Aristote donne dans son livre des couleurs, on peut seulement conclure qu'il faut attribuer les cheveux blancs à la faiblesse de l'action vitale, et les cheveux noirs à son énergie : en effet, ne voit-on pas constamment la faiblesse coïncider, l'une avec la blancheur, l'autre avec la noirceur des cheveux et des poils ? N'observe-t-on pas que les animaux blancs sont plus débiles que les noirs ? A cet égard, les deux âges extrêmes de la vie se rapprochent; les enfans du premier âge, dont les organes sont extrêmement frêles, dont la peau très-délicate est bien éloignée de l'état de consistance et de fermeté qu'elle doit acquérir dans la suite ; ces enfans, disons-nous, ont les cheveux plus ou moins blancs, de même que les vieillards dans lesquels la débilité prédomine ; aussi, n'est-ce pas sans raison que l'on dit souvent d'eux, qu'ils retournent à l'enfance. Toute la différence qui existe dans ces deux âges, est relative à la source de la faiblesse qui les caractérise. Dans l'enfance elle consiste dans la délicatesse des organes eux-mêmes ; mais le principe qui les anime, jouit de la plus grande énergie. Dans la vieillesse, au contraire, elle trouve sa source dans l'extinction du principe qui préside à l'action des organes, ceux-ci conservant une certaine solidité. Mais que le défaut d'une montre consiste dans les roues ou dans le ressort qui les met en jeu, l'effet définitif est toujours le même.

Socrate avait les cheveux blancs, comme

Sidonius-Apollinaris l'écrit à Faustus ; et Strabon rapporte que les cheveux de Tarquin , si recommandable par sa sagesse , blanchirent dès son enfance. Servius rapporte la même chose de Numa , et voici ce que dit Virgile de ce roi de Rome , dans le vi^e. livre de son Enéïde :

> Quis procul ille autem ramis insignis olivæ,
> Sacra ferens ? nosco crines incanaque menta
> Regis Romani , primus qui legibus urbem
> Fundabit. . . . .

CHAPITRE II.

Signes que présentent les oreilles.

Pline remarque que dans les chevaux et autres quadrupèdes , les oreilles désignent les différens états dans lesquels se trouvent ces animaux. Sont-ils accablés de lassitude , ils les ont pendantes et lâches ; ont-ils peur, ils les ont tremblantes ; sont-ils en fureur, ils les ont droites ; sont-ils malades , ils les ont abattues et ployées. Suivant Cicéron , on surnommait *flacci* ceux qui avaient les oreilles pendantes , lâches et abattues ; mais Pline croit que ce surnom de *flaccus* doit son origine aux oreilles que cette famille portait.

§. Ier. *Oreilles grandes.*

Aristote écrit à Alexandre que les oreilles

grandes désignent un homme extrêmement fat, mais d'une mémoire heureuse ; et dans sa physiognomonie, il dit qu'il tient du naturel de l'âne. Suivant Polémon et Adamantius, c'est un signe d'un esprit lourd. Albert dit qu'il dénote l'imprudence, opinion qu'il emprunte de Loxus.

Lorsqu'on veut se railler de quelqu'un qui a fait quelque faute grossière, on imite, en étendant le petit doigt et l'indicateur, les oreilles de l'âne ; c'est à ce sujet que Perse dit :

O Jane ; à tergo cui nulla ciconia pinsit,
Nec manus auriculas imitata est mobilis albas.

Suivant Rhases, ceux qui ont de grandes oreilles ont l'esprit pesant ; mais ils sont d'un tempérament robuste et vivent long-temps. Pline dit la même chose, d'après Aristote.

§. II. *Oreilles grandes et un peu lâches.*

Columelle peint les boucs avec de grandes et lâches oreilles. Pline dit qu'ils les ont longues, mais qu'elles ne se ploient pas. Aristote dépeint les chèvres fort stupides, et il dit que ceux qui ont, comme elles, les oreilles grandes et lâches, leur ressemblent aussi par leur stupidité. Nous croyons qu'ils tiennent du naturel des boucs, avec lesquels nous aimons à les mettre en parallèle.

§. III. *Oreilles grandes et droites.*

Aristote dit dans son livre des animaux, que l'homme qui a les oreilles grandes et droites, est fou et babillard; cette opinion a été généralement adoptée par Galien, Pline, Mélétius, Conciliator et autres auteurs.

§. IV. *Oreilles fort petites.*

Aristote écrit à Alexandre, et dit dans sa physiognomie, que les oreilles très-petites annoncent l'homme de mauvaises mœurs, livré au larcin et à la lubricité, et il le compare au singe. Galien est du sentiment d'Aristote. Polémon et Adamantius disent qu'elles sont un signe de ruse et de malice.

§. V. *Oreilles petites et tendues.*

Suivant Polémon, les oreilles petites et tendues comme celles des chiens, sont un signe de folie; mais Adamantius est fort éloigné de cette opinion. Il nous semble aussi que le texte de Polémon est défectueux, puisqu'il donne la folie aux chiens, contre l'opinion de tous les auteurs et contre l'observation elle-même.

§. VI. *Oreilles longues et étroites.*

Les oreilles longues et étroites désignent , selon l'opinion de Polémon , l'homme envieux et méchant. Albert , et après lui Conciliator , suppriment cette dernière qualité et admettent la première ; mais Adamantius n'est pas du même avis.

§. VII. *Oreilles rondes.*

Albert attribue à l'homme qui a les oreilles trop rondes un caractère indocile.

§. VIII. *Oreilles bien façonnées et entaillées.*

Les oreilles de cette forme , suivant le témoignage de Polémon et d'Adamantius , appartiennent à l'homme de naturel docile.

§. IX. *Oreilles non entaillées ni façonnées.*

Les oreilles de cette forme , selon Polémon et Adamantius, annoncent des mœurs grossières.

§. X. *Oreilles modérément grandes et carrées.*

Aristote , dans son premier livre des animaux , dit que les oreilles d'une grandeur médiocre et droites , dénotent de très-bonnes mœurs. Galien est de son sentiment ; et le premier de ces auteurs remarque dans sa physiognomonie que, les meilleurs chiens ont les oreilles médio-crement grandes. Suivant Polémon et Adamantius, les hommes qui ont les oreilles carrées et de grandeur bien proportionnée, joignent aux bonnes mœurs la grandeur d'ame. Conciliator et Mars disent la même chose. Telles étaient, au rapport de Suétone, les oreilles de l'empereur Auguste ; aussi le dépeint-on doué de bonnes mœurs et d'un esprit excellent.

§. XI. *Oreilles rouges.*

La honte fait rougir les oreilles, dit Aristote dans ses problêmes : c'est pourquoi nous pensons que ceux qui les ont toujours d'un rouge vermeil, sont très-susceptibles de honte. Polémon et Adamantius, dans la figure qu'ils donnent de l'homme honteux, le dépeignent avec les oreilles et toutes les parties extérieures du corps rouges et vermeilles; mais Albert borne la rougeur de l'homme honteux, aux oreilles et à la face.

CHAPITRE III.

Des signes que présente la face.

La face, partie antérieure de la tête, commence à la partie supérieure du front, c'est-à-dire, à la naissance des cheveux, et se termine inclusivement au menton ; elle est bornée latéralement par la partie antérieure des tempes. Nous allons d'abord examiner les signes qu'elle nous offre, considérée généralement; ensuite, nous passerons à ceux qui appartiennent à ses différentes parties.

ARTICLE PREMIER.

De la face considérée généralement.

Nous rapportons à trois ordres principaux, les considérations que nous présente la face vue d'une manière générale.

Le premier ordre est borné aux qualités purement physiques de la face : telles sont sa grandeur, sa forme, sa couleur.

Le second ordre est relatif aux impressions agréables ou désagréables que son aspect fait sur nous : c'est ce qui constitue les différentes nuances de beauté et de laideur.

Le troisième ordre comprend les différentes actions de la face elle-même, actions par lesquelles elle semble exprimer la part qu'elle prend aux divers états de l'ame, et en donne au physionismiste un tableau plus ou moins fidèle : c'est ce que l'on peut appeler *qualités morales de la face :* tels sont le visage triste, le visage gracieux, le visage stupide, le visage grave, etc.

Dans les considérations qui appartiennent au premier ordre, nous nous servirons de la dénomination de *face*, de préférence à celle de *visage*; mais dans les deux autres ordres de considérations, nous préférons employer le mot *visage*, parce qu'il semble être consacré plus particulièrement aux traits de la face et à son action qu'à ses autres qualités : aussi ne dit-on pas ordinairement une belle face, mais un beau visage; on ne dit pas non plus une face triste, une face gaie, mais un visage triste, un visage gai.

PREMIER ORDRE DE CONSIDÉRATIONS.

Ses qualités physiques; variétés de grandeur.

Les signes que nous tirons de la face, considérée d'une manière générale, sont relatifs à sa grandeur, à sa forme et à sa couleur.

SES VARIÉTÉS DE GRANDEUR.

Face très-grande.

Aristote dit dans sa physiognomonie, que ceux qui ont la face très-grande, sont lâches, sans cœur et tiennent du naturel des ânes et des bœufs. Suivant Polémon et Adamantius, ils sont indociles, lourds et stupides ; et suivant Rhasès et Conciliator, ils sont lents et paresseux : Albert dit qu'ils sont lâches et voluptueux ; et dans un autre endroit, qu'ils sont lents, paresseux, et quelquefois indociles.

§. Ier. *Face très-petite.*

L'homme dont la face est fort petite, comme celle du chat et du singe, dit Aristote dans sa physiognomonie, a peu de cœur.

§. II. *Face petite.*

La face petite annonce un caractère minutieux. Adamantius dit que l'homme dont la face est petite, est trompeur et flatteur. Rhases, et Conciliator après lui, ajoutent qu'il est timide et intéressé. Polémon et Adamantius dépeignent l'homme revêche avec la face petite.

§. III. *Face médiocre.*

Aristote, dans sa physiognomonie, donne une face de médiocre grandeur à l'homme doué de bonnes mœurs.

VARIÉTÉS DE FORME.

§. IV. *Face longue.*

Aristote écrit à Alexandre que la face un peu longue appartient à l'homme injurieux, et que celui qui a la face longue est impudent. Rhases, et d'après lui Conciliator, sont du même avis. Nous observons en effet que son caractère ressemble à celui de certains chiens communs, et

peu estimés, lesquels sont hargneux et impudens, et ont, comme lui, la face longue.

§. V. *Face ronde.*

Aristote, dans le portrait qu'il fait de l'homme
impudent, lui donne la face ronde. Polémon ,
dans celui de l'homme courroucé, lui donne la
même forme , et Rhases dit qu'elle désigne
l'homme fat et dont le cerveau est timbré.

§. VI. *Face plate.*

La face plate est celle de l'homme taciturne,
pensif, envieux, aimant les contestations et les
procès ; cette opinion que donne Aristote dans
sa physiognomonie, est confirmée par Conciliator.

§. VII. *Face replète.*

La physiognomonie d'Aristote nous apprend
que la face replète désigne l'homme d'une ame
lâche, négligente, caractère que l'on remarque
aussi dans le bœuf ; le même auteur écrit à
Alexandre que l'homme qui a la face replète est
lâche, importun et menteur, et qu'il tient du
naturel des femmes. Polémon dit , d'après Aristote, qu'il est lâche et négligent, ce qui s'observe dans les femmes comme dans les bœufs.
Rhases prétend qu'il est paresseux : c'est aussi le
sentiment de Conciliator.

§. VIII. *Face excessivement replète.*

Polémon et Adamantius attribuent cette face à l'homme jovial et vif : on peut consulter la figure qu'ils donnent de l'homme jovial. Aristote dépeint avec une semblable face l'homme dissimulé.

§. IX. *Face maigre.*

Aristote, écrivant à Alexandre, dit que l'homme qui a la face maigre, est remarquable par une grande circonspection et un esprit subtil. Dans sa physiognomonie, il dit que cette face appartient à l'homme dont l'esprit est toujours dans la plus grande activité.

Polémon et Adamantius dépeignent l'homme triste avec la face maigre. Plaute, dans sa comédie intitulée *Asinaria*, donne à Léonidas une face maigre, afin qu'elle soit propre à exprimer l'état d'inquiétude dans lequel il est plongé. Sélim, dixième empereur des Turcs, avait le visage maigre : aussi se distingua-t-il dans les combats en guerrier intrépide, et dans les sciences en homme de génie : aucun travail ne fatiguait ni son corps, ni son esprit.

§. X. *Face ni maigre ni replète.*

Aristote donne à l'homme ingénieux dont il fait la description dans sa physiognomonie, la face médiocrement replète. Adamantius dépeint l'homme de génie de la même manière.

§. XI. *Face ridée.*

Aristote, dans sa physiognomonie, dépeint l'homme triste et mélancolique avec la face ridée, et il attribue les rides à l'influence de l'affection de l'ame sur la face. Averroës, Polémon et Adamantius adoptent le sentiment d'Aristote.

§. XII. *Face dont les os sont saillans.*

Ceux qui ont une semblable face, dit Aristote dans sa physiognomonie, sont timides et tiennent du naturel des ânes et des cerfs. Gesner, dans son livre des animaux, adopte le sentiment d'Aristote. Polémon dit que la face dont les os sont saillans, désigne l'homme laborieux, timide et dépourvu de sagesse : on peut dire qu'il ressemble aux ânes, aux singes et aux cerfs.

Variétés de couleur.

La couleur de la peau constitue le teint; mais le teint n'est pas exclusif de la face, il appartient à toute la surface du corps. Cependant, comme la face est la partie qui s'offre la première à nos regards, et que certaines couleurs y sont souvent mieux marquées que par-tout ailleurs, surtout celles qui accompagnent les différentes affections de l'ame, telles que la crainte, la frayeur, la pudeur, la colère, etc. il nous a paru que nous devions ici réunir les considérations que nous présentent les diverses couleurs de la face, et celle de toute la surface du corps, afin de ne pas être obligés de revenir sur cet objet.

§. XIII. *Teint très-noir.*

La physiognomonie d'Aristote nous apprend que ceux qui ont le teint très-noir sont timides, et qu'ils ressemblent aux Egyptiens. Suivant Polémon et Adamantius, ils sont craintifs et trompeurs. Ces deux auteurs représentent l'homme timide avec le teint noir; Aristote donne le même teint à la figure revêche. Albert dit que la couleur noire indique l'homme rusé, timide et porté au larcin, tels que ceux qui habitent sous les climats très-chauds. Suivant l'opinion d'Alexandre, les Ethiopiens ont le teint noir, parce que leur peau est brûlée par la chaleur qui, au lieu d'avoir son principal siége dans le cœur et les autres organes intérieurs, domine à la surface de leur corps; et c'est cette absence de chaleur intérieure qui les rend timides et efféminés. Au contraire, les Scythes, qui habitent sous un climat très-froid, ont le teint blanc et sont pleins de courage et d'énergie, parce que leur chaleur naturelle, au lieu de se répandre à l'extérieur de leur corps, se concentre dans le cœur et les autres viscères intérieurs.

Diogène rapporte que *Zenon-Citieius* avai la peau noire. Louis Sforce fut surnommé le *Maure*, parce qu'il avait le teint extrêmement obscur; il croyait que les qualités qui distinguent un grand prince, consistaient à dissimuler, à cacher ses desseins, à mettre dans ses actions une foule de détours et de ruses, à mentir adroitement, et à tromper les personnes de bonne foi.

§. XIV. *Teint très-blanc.*

Ceux qui ont le teint fort blanc sont timides et tiennent du naturel des femmes: c'est l'opinion d'Aristote dans sa physiognomonie ; c'est aussi celle de Polémon et d'Adamantius. Mais Aristote ne dit pas que l'homme timide seul a cette espèce de teint ; il le donne aussi au luxurieux ; et dans son histoire des animaux, il assimile ce dernier aux femmes qui ont le teint blanc, et dont on connaît le penchant pour les plaisirs de Vénus. Polémon, d'après Aristote, regarde aussi la blancheur de la peau comme un signe de lubricité; mais Aristote donne aussi la couleur blanche à la figure de l'homme clément. Avicenne dit que le blanc mat ou tirant sur l'ivoire appartient à l'homme flegmatique, que caractérisent principalement la timidité et la mollesse. Suivant Scot, cette couleur indique la lâcheté. Suétone rapporte que César avait le teint blanc et qu'il était très-luxurieux; il en dit autant de l'empereur Tibère, dont la lubricité n'est que trop connue : on sait qu'il avait associé à sa débauche les hommes les plus pervertis ; qu'une foule de jeunes gens dont il avait corrompu les mœurs, étaient gagés par lui pour servir à ses manœuvres ordurières : il les appelait *Spinthriæ et Puelluli Fellatores* ; c'était à qui, de cette compagnie impudique, imaginerait le raffinement de débauche le plus dégoûtant et le plus contraire aux vœux de la nature ; et Tibère décernait à chaque invention nouvelle un prix proportionné au degré de lasciveté qui la caractérisait. On peut consulter là-dessus Suétone et autres auteurs.

Polixène avait le teint blanc et l'ame simple.

§. XV. *Teint brun.*

Aristote nous apprend dans sa physiognomonie que la couleur qui annonce la force, est celle qui tient le milieu entre le blanc et le noir; c'est sûrement de la couleur brune qu'Aristote a voulu parler, puisqu'elle est celle qu'il donne à l'homme fort, dans la figure qu'il en trace. Suivant Albert, ceux qui ont le teint brun sont forts et courageux : tels sont les habitans des climats tempérés. Avicenne dit qu'ils sont d'un tempérament chaud : tel était le teint de l'empereur Auguste, et on sait qu'il avait reçu en partage une force héroïque et un grand cœur ; tel était aussi le teint de Celebinus, empereur des Turcs, qui se fit admirer par sa grandeur d'ame et ses vertus guerrières.

§. XVI. *Teint pâle.*

Ceux qui ont le teint pâle, dit Aristote dans sa physiognomonie, sont timides ; ils se rapprochent de l'état de ceux qui sont affectés de frayeur. Si on peut les mettre en parallèle avec quelqu'animal, c'est avec le caméléon, qui est remarquable par une timidité extrême ; Pline dit qu'il change à chaque instant de couleur, et qu'il est le plus peureux de tous les animaux. Aristote attribue à son défaut de sang et de chaleur, la timidité excessive de cet animal, et la faculté qu'il a de changer de forme et de couleur. Alexandre - Aphrodisée dit que la pâleur qui accompagne la crainte, reconnaît pour cause le reflux du sang des parties extérieures aux parties intérieures ; car c'est le sang qui donne la vigueur et la couleur au corps. Polémon et Adamantius dépeignent l'homme revêche avec le teint pâle. D'après l'opinion des médecins, la pâleur indique la prédominance du flegme et de la mélancolie, lesquels donnent naissance à la crainte. La pâleur est aussi un signe de l'amour, c'est ce qu'Ovide exprime en ce vers :

Palleat omnis amans ; color hic est aptus amanti.

L'histoire rapporte qu'Erasistras, médecin, reconnut que l'amour était la seule maladie dont Antiochus était affecté, à la pâleur qui s'était emparée de son visage naturellement vermeil.

§. XVII. *Teint livide, pâle et jaunâtre.*

Aristote recommande à Alexandre de se défier de celui qui a le teint d'un livide pâle et jaunâtre, parce qu'il est naturellement livré à toutes sortes de vices, notamment à la perfidie et à la débauche. Polémon et Adamantius donnent ce teint à l'homme méchant et de mauvaises mœurs. Loxus dit n'avoir jamais vu d'homme avec le teint pâle, livide et jaunâtre, qui ne fût trompeur et plein de malice ; et selon l'opinion reçue, ce teint indique l'envie. Martial a fait à ce sujet cette épigramme :

Omnibus invideas vice, nemo tibi.

Et Ovide dit de l'envieux :

Pallor in ore sedet.

Pline dit, d'après Aristote, que la couleur plombée est un signe de courte vie. Plutarque rapporte dans la vie de César, que cet empereur disait à ses amis *que Cassius ne lui revenait pas bien, parce qu'il avait le teint plombé*, et qu'un jour, comme on lui rapportait qu'Antoine et Dolabella semblaient machiner quelque complot, il répondit *que ces deux gros hommes chevelus ne lui inspiraient aucune crainte, mais qu'il n'en était pas de même des deux autres hommes pâles, ternes et maigres ;* c'était de Cassius et de Brutus dont il voulait parler.

C. Caligula, dont nous avons déjà eu occasion de parler, avait le teint pâle et plombé, et on sait qu'il joignait à sa cruauté, la plus noire perfidie et la plus basse envie. Tout lui portait ombrage, jusqu'aux anciens titres d'honneur et de noblesse dont il dépouillait les familles les plus distinguées des Romains. C'est de ce teint pâle et plombé que Cicéron faisait un reproche à Pison, parce qu'il annonçait une ame servile et un naturel pervers. C'est avec la même couleur que Salluste dépeint Catilina : il avait, dit-il, le visage semblable à celui d'un corps mort ; son ame était si méchante et si noire , qu'il ne fit de sa vie qu'un assemblage de crimes ; il suscita les guerres civiles , se livra au vol , à toutes sortes de brigandages , aux meurtres, remplit l'état de brigands et de meurtriers semblables à lui ; il s'emparait du bien d'autrui , prodiguait le sien , se vautrait dans les plus sales débauches , affichait par-tout le scandale , et occupait toujours la première place dans les orgies les plus crapuleuses ; enfin , pour mettre le comble à tous ses crimes , il avait machiné la ruine de sa patrie , et s'était mis pour cela à la tête de la fameuse conjuration qui porte son nom.

Attila avait le teint blafard , livide, décoloré , et il se distingua par une férocité singulière. Prince des Huns, barbares originaires des parties orientales de l'Asie , il étendait sa domination du centre de l'Asie jusqu'au Rhin ; il attaqua l'empire d'Orient, remporta sur Théodose ii , trois victoires signalées, et détruisit soixante-dix villes de son domaine ; il entra ensuite dans la Gaule, où il porta le ravage et la désolation, et ruina entièrement un grand nombre de villes ; enfin , il passa en Italie, prit et détruisit Aquilée , mit à feu et à sang tout ce que le sort des armes fit tomber en sa puissance. Il voulut avoir un nom approprié à son esprit destructeur, et se fit appeler le *Fléau de Dieu.*

Actiolin, tyran de Padoue, avait le visage de la même couleur que celui d'Attila, et son aspect ne respirait que fureur et cruauté. Ce monstre inhumain, la peste de son siècle, surpassa en férocité Phalaris, Denis de Syracuse, et Néron; insatiable du sang humain, tous les jours il en faisait répandre : les mains des bourreaux n'étaient pas suffisantes pour appliquer aux tortures et aux supplices les victimes de sa tyrannie; il les faisait seconder par des bouchers sanguinaires. Des malheureux que sa barbarie avait destinés à la mort, les uns étaient, par ses ordres, coupés par morceaux avec les couteaux de ces mêmes bouchers, les autres étaient attachés à des poteaux, et brûlés à petit feu; d'autres enfin étaient par intervalles livrés à des tourmens de tout genre, afin que la durée de leurs supplices fût prolongée. Il ne se lassait jamais d'exercer l'inhumanité de son ame; le nombre des martyrs d'une semblable barbarie fut porté à trente mille personnes de toute qualité, de tout sexe, de tout âge.

Mahomet qui, après la prise de Constantinople, fut le second empereur des Turs, avait aussi le teint pâle, jaunâtre et livide, aussi était-il très-dissimulé, cruel, sanguinaire et inhumain. Selim ix, empereur des Turcs, avait le visage d'un Scythe, et de couleur pâle et blafarde : il ne respirait que fureur et cruauté, et empoisonna son père et ses frères.

François Pactius conjura la mort de Julian le médecin, et lui porta lui-même le coup mortel; il avait aussi le visage de cette couleur.

§. XVIII. *Teint roux.*

Suivant Polémon, ceux qui ont le teint roux sont pernicieux; mais Adamantius dit qu'ils sont frauduleux et non pas pernicieux, et qu'ils tiennent du naturel des renards, dont la couleur est rousse. L'un et l'autre donnent cette couleur à la figure de l'impudent. Albert dit que l'homme dont le teint est roux, ne s'occupe que de ruses et de tromperies. L'on rapporte qu'Enée qui trahit sa patrie, était de couleur rousse. Dares le Phrygien a écrit que Melion était roux, et qu'il était opiniâtre, cruel envers son père, et livré à toutes sortes de vices.

§. XIX. *Teint enflammé.*

Ceux qui ont la couleur enflammée sont maniaques : ils la doivent à la chaleur vive répandue dans tout le corps, et c'est cette grande chaleur qui, d'après Aristote, donne naissance à la manie. Polémon et Adamantius disent que la couleur enflammée appartient à l'homme furieux. Albert adopte le sentiment d'Aristote, en disant que la couleur du feu avec des yeux brillans, est un signe de folie. Cassandre, qui s'occupait de deviner, de présager les choses à venir, avait le teint enflammé et les yeux étincelans, et était possédée d'une fureur maniaque.

§. XX. *Teint rouge.*

Aristote dit que ceux qui ont le teint rouge ont l'esprit pénétrant, parce que la rougeur est due à la chaleur, laquelle est toujours associée à la subtilité des esprits. On lit dans l'*Art de la Médecine* de Galien, que la couleur rouge est le signe d'un tempérament chaud. Avicenne dit qu'elle annonce beaucoup de sang et de chaleur. Suivant Polémon, l'homme dont la face est rouge, a les mœurs austères et rudes. L'histoire rapporte que l'empereur Domitien avait le visage rouge et l'air modeste, et qu'étant un jour au sénat, où l'on parlait de la face comme siége de l'expression de la pudeur et autres qualités morales, il fut assez vain pour faire lui-même son éloge en ces termes : *vous avez éprouvé jusqu'à présent quelle est mon ame et mon visage.* Pline parle ainsi de lui : *l'orgueil se fait voir sur son front, la colère dans ses yeux, et l'impudence efféminée dans tout son visage.*

Lorsque la rougeur survient à la face acciden-
tellement, Aristote dit dans sa physiognomonie
que c'est un signe de honte ; il dit la même chose
dans ses problèmes, et il en attribue la cause
au sang qui se porte alors du centre à la cir-
conférence. On estime les jeunes gens qui rou-
gissent facilement, parce que cela prouve qu'ils
ont de la pudeur. Diogène le Cynique disait
que la rougeur est la couleur de la vertu. Ne-
vius l'a appelée *la couleur de la pudeur, le
signe de la honte et de la pudeur.* Dans les
œuvres de Térence on lit ces mots : *il a rougi,
c'est bon signe.*

§. XXI. *Teint d'un blanc tirant sur le rouge.*

Suivant Aristote, ce teint dénote un bon naturel : en effet, le teint rouge indiquant un
tempérament chaud et sanguin, le teint blanc
un tempérament froid et flegmatique, le teint
qui tient le milieu entre ces deux couleurs doit
être un signe d'un tempérament modéré, d'un
bon tempérament ; c'est aussi ce que dit Galien
et après lui Avicenne. Aristote donne ce teint
à la figure de l'homme ingénieux. Suivant Polémon et Adamantius, le teint blanc tirant sur
le rouge annonce un esprit sublime, une aptitude très-grande aux sciences, une activité infa-

tigable; ces auteurs dépeignent l'homme ingénieux avec le même teint : Albert ajoute à
l'opinion de Polémon et d'Adamantius que ce
teint est aussi un signe de bonnes mœurs. C'é-
tait celui d'Alexandre-le-Grand, et ce monarque,
dont la constitution corporelle était très-bonne,
s'est distingué par ses bonnes mœurs, sa modestie, sa sobriété dans ses plaisirs, l'excellence
de son esprit, son activité, sa grandeur d'ame,
son amour pour la gloire, qualités qui lui ont
mérité le nom du plus grand, du plus illustre
conquérant de son siècle. Tel était le teint de
Charles d'Orléans, fils du roi François, recommandable par son esprit, sa libéralité, son grand
courage et ses vertus héroïques.

SECOND ORDRE DE CONSIDÉRATIONS. — DE LA BEAUTÉ ET DE LA LAIDEUR DU VISAGE.

§. XXII. *Visage beau.*

Nous divisons la face en trois régions, la première commence au dessus du front à la naissance des cheveux et finit à la racine du nez; la
seconde s'étend depuis la racine du nez jusqu'au dessous; et la troisième, en commençant
au dessous du nez, va jusqu'au menton.

Pour que le visage ait tous les caractères de

la beauté, il faut que ces trois régions soient égales entr'elles, il faut que les parties qu'elles renferment aient une conformation parfaite et symétrique.

Le front ne doit être ni trop rond, ni trop plat, ni trop étroit, ni trop court; les sourcils doivent être bien arqués, et bien garnis, les paupières bien fendues, les yeux à fleur de tête, grands et noirs; le nez d'un volume médiocre, ni trop pointu, ni trop aplati, et se rapprochant de la direction verticale; les joues seulement assez charnues pour ne pas laisser saillir les os de la pommette; la bouche petite, les lèvres peu épaisses et d'un beau rouge, les dents d'un blanc d'albâtre, et bien égales, leurs intervalles presque nuls; le menton rond, le teint vermeil.

La beauté du visage annonce un grand esprit, un cœur bon et libéral, un courage héroïque, l'amour de la gloire, un penchant décidé pour les voluptés corporelles. On trouve dans l'histoire un grand nombre d'exemples de personnes d'un beau visage, qui se sont rendues célèbres par la réunion de ces qualités. Alcibiade, comme Plutarque le rapporte, surpassait en beauté tous les Athéniens : les graces de son visage déjà développées dans l'enfance, ont acquis dans l'adolescence le plus haut degré de perfection qu'elles conservaient encore dans la virilité décroissante. Or, voici quelles étaient ses qualités morales : il avait un tel amour de la gloire, qu'il disait que rien n'était plus beau, plus digne des vœux d'un mortel que de commander aux autres; il n'avait point son égal en éloquence et en philosophie; il s'est fait admirer dans les combats par un courage héroïque et une énergie insurmontable ; ennemi du repos, jamais il ne restait dans l'inaction; mais il joignait à tout cela, comme on le lit dans Thucydide, un goût passionné pour l'incontinence et pour tout ce qui tient aux plaisirs sensuels.

Démétrius était d'une beauté si rare, qu'il ne s'est jamais trouvé aucun peintre ni sculpteur qui ait pu en faire un portrait fidèle : son visage respirait en même temps la grace, la terreur, la gravité et la douceur; une splendeur admirable, une majestueuse dignité brillaient sur son front. Il ne semblait né que pour commander aux hommes, s'acquérir leur amour, leur dévoûment, et les forcer à l'admiration ; grand capitaine pendant le guerre, c'était, au temps de daix, le plus doux et le plus jovial des rois. Il ne laissait échapper aucune occasion de faire une belle action, et il était juste, clément, libéral, et était autant remarquable par l'excellence de son esprit que par sa belle ame; mais il avait le cœur tellement porté aux voluptés des sens, qu'il a passé pour le plus incontinent des monarques ; se trouvant souvent dans les festins et dans les débauches, il s'y livrait sans réserve à toutes sortes d'excès, et semblait y fouler aux pieds la dignité royale.

Ismaël Sophy, roi des Perses, avait un corps bien fait, un beau visage, les yeux vifs et brillans, des traits portant l'empreinte de la gaîté et de la sérénité, et le teint vermeil ; il était doué de bonnes mœurs, recommandable sur-tout par la douceur de son caractère, sa libéralité, sa grandeur d'ame, ses vertus guerrières, son amour pour la gloire ; mais il était enclin à l'amour des femmes, chaud et bouillant dans sa colère.

Mais s'il existe beaucoup de personnages qui aient joint à la beauté de leur visage d'excellentes qualités morales et peu ou point de vices, il s'en trouve aussi un petit nombre à la vérité, qui, quoique doués d'un beau visage, ont offert dans leur vie plus de vices que de vertus. La nature en les formant, semble s'être écartée des lois de liaison sympathique qu'elle a établie entre les caractères extérieurs du corps et les qualités de l'ame. C'est à eux que s'appliquent ces paroles de Socrate : *c'est dans un fourreau d'or une épée de plomb.*

Laïs et Faustine étaient douées d'une grande beauté, et elles ne se sont signalées toutes deux que par leur impudicité ; mais cette observation n'étant qu'une exception rare à la règle générale, ne porte aucune atteinte à la science physiognomonique, que nous ne donnons d'ailleurs que comme *conjecturale*.

§. XXIII. *Du visage joli.*

Ce visage est celui qui , sans offrir tous les caractères d'une beauté parfaite, plaît cependant à la vue par les graces dont il est orné : il dénote de bonnes qualités morales. Tel était le visage d'Achille, et ce héros avait l'ame droite, libérale, magnanime et pleine d'ardeur dans les combats ; tel était aussi celui de Priam, roi de Troie, et son ame était remplie de vertus. Andromaque avait un visage gracieux, des yeux brillans, le teint blanc, la taille riche et belle, et cette princesse malheureuse était modeste, sage, douce et pudique. Scipion l'Africain, que distinguaient, parmi les autres qualités, les graces de son visage, jouissait aussi de toutes les plus belles qualités du cœur et de l'esprit ; il était très-profond en éloquence et dans les autres sciences et arts libéraux ; aussi grand guerrier que grand politique, il était digne de gouverner le plus bel empire du monde ; il surpassait par sa valeur et ses autres vertus héroïques non seulement les plus célèbres empereurs de son siècle, mai encore ceux des siècles précédens. Il montrait pendant le combat un courage inébranlable, et après la victoire une clémence sans exemple. Cette Lucrèce si fameuse chez les Romains, était redevable de la renommée dont elle jouissait à la beauté de son visage et à sa chasteté. Nous ne taririons pas si nous voulions multiplier les exemples des personnages de l'antiquité qui réunissaient à un visage gracieux, les plus belles qualités de l'ame.

§. XXIV. *Du visage laid et difforme.*

La laideur, la difformité du visage annoncent un esprit borné et de mauvaises mœurs. Homère dépeint Thersite avec une tête trop longue, un visage difforme et la taille beaucoup trop petite : il lui donne aussi des mœurs peu honnêtes, un esprit borné, beaucoup de lâcheté. Il était tellement insolent, qu'Achille, piqué de ses injures, le tua d'un coup de poing. Sa laideur était telle, qu'on disait pour exprimer un visage hideux : *c'est une face de Thersite.* Cicéron reprochait à Pison la laideur de son visage et les vices de son ame. Salluste remarque que le visage pâle et difforme de Catilina, qui ressemblait plutôt à un corps mort qu'à un homme vivant, annonçait une ame impie, cruelle et noircie de toutes sortes de crimes.

TROISÈIME ORDRE DE CONSIDÉRATIONS. — QUALITÉS MORALES DU VISAGE.

§. XXV. *Visage serein et tranquille.*

Le visage serein et tranquille désigne l'homme débonnaire, doué de mœurs douces. On lit dans Suétone que l'empereur Auguste avait le visage aussi serein et tranquille, qu'il avait l'ame paisible et douce.

§. XXVI. *Visage changeant et comme triste.*

Aristote, dans sa physiognomonie, donne à la figure du timide le visage changeant et comme triste, et il attribue ce caractere à l'état de son ame; on observe en effet que celui qui a peur change continuellement de visage.

§. XXVII. *Visage immobile.*

Aristote, et après lui Polémon et Adamantius, donnent le visage immobile à la figure de l'homme revêche.

§. XXVIII. *Visage abaissé.*

Aristote dépeint l'homme triste avec un visage humble et abaissé.

§. XXIX. *Visage gai.*

Polémon et Adamantius dépeignent l'homme dont les mœurs sont joyeuses et récréatives, avec le visage gai. Ces mêmes auteurs, dans le portrait de l'ingénieux, disent qu'il est doué de mœurs récréatives; Ismaël Sophy, qui était d'un bon naturel, plaisant et facétieux dans la société, avait le visage serein et gai.

Du visage grave et auguste.

Ce visage appartient à l'homme vénérable, magnanime, plein de force et de courage; c'est celui des héros. Tel était le visage d'Achille, comme le rapporte Philostrate; tel était celui d'Hector, comme le rapporte Dares le Phrygien.

Soliman, fils de Sélim, empereur des Turcs, avait l'esprit grand, auguste et plein de dignité, et il était recommandable par sa justice, sa prudence et l'éclat de ses vertus guerrières. On peut en dire autant de Godefroy de Bouillon, duc de Lorraine, qui avait été élu, par tous les princes chrétiens, chef des Croisés armés pour le recou-

vrement de la terre sainte. L'empereur Charlemagne, roi de France, qui avait mérité ce nom
à cause de ses actions héroïques, portait sur son
visage la majesté souveraine, et ses cheveux blancs
ajoutaient encore aux sentimens de respect et d'admiration qu'il inspirait. Cublaien, empereur des
Scythes, que maintenant on appelle *Tartares*,
avait aussi le visage auguste. Il était d'une force
considérable et d'un courage martial : aussi le
nombre des nations qu'il a subjuguées l'a rendu
célèbre dans le métier des armes.

§. XXX. *Visage austère.*

Le visage austère réunit la cruauté au grand
courage. Tel était, au plus haut degré, le visage
de Tamerlan, à qui la férocité et la barbarie méritèrent le surnom de *terreur du monde*. Ce tyran,
dont les menaces sanglantes portaient par-tout
l'épouvante, ne semblait être né que pour le carnage ; personne n'était plus altéré du sang humain que lui ; aussi s'écriait-il d'une voix farouche et inhumaine, qu'il était le plus grand mi-
nistre de la colere et de la vengeance de Dieu.
Bajazet, premier roi des Turcs, avait le visage
très-austère, il était d'un caractère bouillant, impétueux, et se distingua par des actions héroïques
et par des victoires signalées, qui lui méritèrent
le surnom de *Foudre de guerre.*

§. XXXI. *Visage téméraire.*

Aristote, dans sa physiognomonie, donne à l'homme effronté, injurieux, le visage fier, arrogant et téméraire.

§. XXXII. *Visage stupide.*

Le même auteur, dans sa physiognomonie, en dépeignant l'homme insensible et stupide, fait paraître sur son visage le signal de son insensibilité, de sa stupidité et de ses mœurs grossières.

ARTICLE II.

De la face, considérée dans les différentes parties qui la composent.

Les différentes parties qui composent la face, sont : 1°. le front, 2°. les sourcils, 3°. les yeux y compris les paupières qui les recouvrent, 4°. le nez, 5°. les joues, 6°. les lèvres, 7°. la bouche, 8°. le menton. Nous allons examiner successivement les signes que le physionomiste tire de ces différentes parties, dans l'ordre que nous venons de les nommer.

1°. DES SIGNES TIRÉS DU FRONT.

Le front est cette partie de la face qui s'étend depuis la naissance des cheveux jusqu'aux sour-

5*

cils. Il offre aux physionomistes beaucoup de signes à l'aide desquels il parvient à connaître diverses affections de l'ame. Pline, en parlant du front, dit qu'il indique la tristesse, la joie, la clémence et l'assurance. On dit qu'anciennement il était consacré à la pudeur : voilà pourquoi on disait de ceux qui avaient perdu toute espèce de honte, qu'ils avaient *frotté leur front.*

§. Ier. *Front grand.*

Suivant Aristote, dans son livre des animaux, le front grand est un signe de paresse. Galien est du même sentiment, comme on peut le voir dans l'ouvrage où il parle de l'influence des tempéramens du corps, sur les mœurs de l'ame ; Pline pense de même, fondé sur l'opinion de Trogus ; et dans sa physiognomonie il dit que ceux qui ont le front excessivement grand sont lâches et timides, et il les compare aux bœufs. Suivant Polémon, les grands fronts dénotent le plus communément la balourdise et la stupidité ; Rhases, Albert, Conciliator et autres auteurs confirment la même opinion. Mélétius le philosophe dit la même chose, et en attribue la cause à l'abondance de la matière dans la partie antérieure du cerveau, laquelle ayant alors moins d'énergie, est moins propre aux fonctions intellectuelles.

§. II. *Front petit.*

Aristote, dans son livre des animaux, dit que ceux qui ont le front petit sont mobiles et changeans; Galien et Pline adoptent son opinion. Voici l'explication naturelle qu'ils en donnent: un petit front suppose des petits ventricules au cerveau, dans lesquels les esprits se trouvant resserrés, se réfléchissent et donnent par leur réflexion naissance à la mobilité de la pensée.

§. III. *Front haut.*

Suivant Aristote, dans son livre des animaux, ceux dont le front a beaucoup d'étendue en hauteur, sont sujets à la mobilité d'esprit et à l'inconstance. Cette opinion est confirmée par Galien et Pline. Mélétius, Albert et Conciliator disent que le front haut est un signe de stupidité. Suivant Avicenne et quelques autres auteurs, c'est un signe de folie. Au rapport de Suétone, l'empereur Caligula avait le front très-haut, de travers, d'un aspect affreux et l'esprit aliéné ; de là la pensée qu'il avait de se faire purger le cerveau. On n'attribue qu'à l'aliénation de son esprit, les fureurs qui s'emparaient quelquefois de lui, les crimes auxquels il se laissait entraîner, et son indifférence dans les plus grands dangers.

§. IV. *Front large.*

Suivant Polémon et Adamantius, le front large c'est-à-dire qui a beaucoup d'étendue, d'une tempe à l'autre, annonce beaucoup de bon sens et un naturel docile. Albert est du même sentiment. On lit dans Plutarque que Platon avait le front de cette forme; Néanthes même, auteur célèbre, fondé sur l'autorité de Diogène, assure qu'il était vulgairement nommé *Platon*, à cause de la largeur de son front et de sa face. Danthes Alaghierius, fameux poète italien, avait le front très-large.

§. V. *Front étroit.*

L'homme qui a le front étroit, dit Aristote dans sa physiognomonie, est ignorant et ressemble au cochon. Polémon et Adamantius sont du même sentiment. Suivant Conciliator et Albert, le front petit et étroit dénote l'homme lourd, indocile, sans repos, inquiet et ordurier, tenant du naturel des cochons.

§. VI. *Front carré.*

Le front carré tient comme le milieu entre les diverses figures de front dont nous venons de parler : c'est pourquoi Aristote, dans sa physiognomonie, dit que le front médiocre et carré désigne l'homme de grand cœur, et il le compare au lion ; aussi, dans la figure qu'il fait du lion, il lui donne le front carré. Polémon et Adamantius, d'après Aristote, disent que le front carré est un signe évident de beaucoup de force, de prudence et de courage. Mélétius le philosophe dit que ceux qui ont le front médiocre se font admirer par les saillies de leur esprit, et leur penchant à parler en public. Suivant Albert le front carré et de grandeur médiocre est un signe de vertu, de sagesse et de magnanimité.

§. VII. *Front circulaire.*

Ceux qui ont le front de forme ronde, dit Aristote dans l'histoire des animaux, sont enclins au courroux ; Galien a exprimé le même sentiment par les mêmes termes ; mais Pline, tout en copiant Aristote, l'a mal compris en prenant la forme ronde pour la forme convexe, tandis que le philosophe a entendu la *forme circulaire*, comme on peut le voir dans l'article suivant. Mélétius, au contraire, a très-bien saisi le texte d'Aristote en disant que le front circulaire dénote l'homme enclin au courroux et de peu de cœur.

§. VIII. *Front rond et convexe.*

Ceux qui ont le front convexe sont stupides

et ressemblent par-là aux ânes ; c'est l'opinion d'Aristote dans sa physiognomonie. Si l'on veut jeter les yeux sur le front d'un âne , on verra qu'il est convexe et haut ; le même auteur , dans la figure du rustique, lui donne le front non seulement convexe , mais encore grand et charnu. Polémon et Adamantius disent que le front convexe et haut désigne l'homme stupide et imprudent. Albert et Conciliator regardent aussi le front convexe et haut comme un signe de stupidité.

§. IX. *Front déprimé.*

Suivant l'opinion de Polémon , l'homme dont le front est déprimé n'est doué d'aucune qualité louable. Adamantius s'explique plus clairement en disant qu'il est efféminé.

§. X. *Front légèrement déprimé.*

Ceux qui ont le front légèrement aplati sont prudens et tiennent du naturel du chien ; c'est le sentiment d'Aristote dans sa physiognomonie. Gesner a mal traduit le texte de cet auteur.

§. XI. *Front rude avec des enfoncemens et des saillies.*

La rudesse du front , suivant Polémon , ne désigne pas l'homme de bien ; le front plein d'enfoncemens et de saillies , est celui du trompeur et perfide ; et si d'autres signes s'accordent avec ceux-ci, ils annoncent l'homme furieux et insensé. Adamantius s'exprime à peu près de la même manière. Polémon donne à la figure du méchant et insensé, le front dur et rude, et lorsqu'il est élevé comme une colline et déprimé comme une vallée, il dit qu'il caractérise l'homme cauteleux et quelquefois le fol et insensé.

§. XII. *Front refrogné et ridé.*

Ceux qui ont le front refrogné et ridé sont, d'après l'opinion de Polémon et d'Adamantius, pensifs et taciturnes ; ils pensent plus qu'ils n'en disent. Les mêmes auteurs dépeignent l'homme triste avec le front ridé ; mais Aristote ne donne pas à la figure de ce dernier le front seulement, mais tout le visage ridé.

Lorsqu'on est profondément occupé de quelque pensée, on se ride le front ; de là l'opinion commune que ceux qui ont le front refrogné et ridé, roulent de grandes choses dans leur esprit, sont mélancoliques et taciturnes. Albert est du même avis ; mais d'autres auteurs regardent le front de cette forme comme un signe de sévérité.

§. XIII. *Front ridé, et dont les rides déclinent vers le milieu.*

Le front de cette forme est, suivant Rhases,

un signe de courroux. En effet, ne voit-on pas que l'homme qui menace un de ses semblables et se met en courroux, se ride le front vers le milieu ? Albert est du même sentiment que Rhases.

§. XIV. *Front ridé vers le haut.*

Nous pensons que le front ridé et dont les rides remontent vers le haut, est un signe d'admiration ; car nous avons l'habitude, lorsque nous admirons quelque chose, de rider le front de cette manière, en élevant en même temps les sourcils.

§. XV. *Front sans ride ou serein.*

Polémon et Adamantius disent que l'homme dont le front est sans ride et bien uni, a le cœur libre de soucis et d'inquiétude. Conciliator est d'une opinion contraire ; car suivant lui le front déridé et bien uni dénote l'homme trompeur. Nous voyons dans Sidonius-Apollinaire, écrivant à Faustus, qu'Epicure avait le front fort uni et sans ride, et qu'il passait sa vie dans la plus grande indifférence ; qu'ennemi de toute espèce de troubles et de soucis, il ne prenait aucun intérêt aux affaires des autres, et n'avait à cœur que le plaisir, la débauche et la bonne chère. Selon l'opinion de Rhases, le front sans ride dénote l'homme litigieux.

§. **XVI.** *Front tranquille, et dont la peau est bien tendue.*

On regarde comme flatteurs ceux qui ont le front tranquille et dont la peau est bien tendue ; ils ressemblent aux chiens domestiques qui tendent la peau de leur front en flattant; c'est l'opinion d'Aristote dans sa physiognomonie. Albert dit qu'ils joignent à la flatterie, un caractère dissimulé et perfide.

§. **XVII.** *Front nébuleux.*

Ceux qui ont le front nébuleux sont audacieux et ressemblent aux taureaux et aux lions. Aristote, dans sa description du lion, remarque que la peau du front de cet animal devenant extrêmement lâche vers les sourcils et la racine du nez, semble y former une espèce de nuage. Oppian dit que les tigres ont aussi une peau lâche qui leur pend pour ainsi dire vers le bas du front. Or, lorsque la même disposition se rencontre chez l'homme, ce qui lui rend le front nébuleux, il tient, suivant ces auteurs. du naturel de ces bêtes féroces, il est audacieux et s'expose sans crainte aux dangers. On rapporte qu'Actiolin, tyran de Padoue, avait le front nébuleux et difforme; qu'il y portait l'empreinte de son caractère audacieux et en même temps cruel. En effet, on sait qu'il a donné tant de marques de cruauté et de tyrannie, qu'on le regardait comme la terreur et le bourreau du genre humain.

§. XVIII. *Du front qui tient le milieu entre le tranquille et le nébuleux.*

Puisque, selon l'opinion d'Aristote, dans sa physiognomonie, le front nébuleux dénote l'homme audacieux et cruel, et que le front tranquille et tendu, est un caractère de l'homme flatteur, celui qui tient le milieu entre l'un et l'autre doit être un bon signe : aussi ceux qui ont un semblable front sont doués des plus belles qualités du cœur et de l'esprit.

§. XIX. *Front austère.*

Ceux qui ont le front austère sont d'un caractère fâcheux et importun ; c'est l'opinion d'Aristote, dans sa physiognomonie. On dit que Christiernus, roi des Daces, l'avait effrayant et monstrueux, et qu'il donna des signes de son humeur sanguinaire. Né vers la mer Glaciale, il surpassait en barbarie les anthropophages et les cannibales.

2°. DES SIGNES QUE PRÉSENTENT LES SOURCILS.

§. Ier. *Sourcils inclinés vers le nez.*

On lit dans le livre des animaux, d'Aristote, que les sourcils inclinés vers le nez désignent l'homme austère et revêche. Galien et Pline disent la même chose et avec les mêmes expressions. Suivant Mélétius, les sourcils courbés vers le nez sont un signe d'un esprit lourd et stupide.

§. II. *Sourcils inclinés vers les tempes.*

Suivant l'opinion d'Aristote, dans son livre des animaux, les sourcils inclinés vers les tempes, (c'est-à-dire dirigés en dehors et en haut) dénotent l'homme dissimulé, et qui aime à se railler d'autrui. C'est aussi l'opinion de Galien, de Pline et de Mélétius.

§. III. *Sourcils inclinés d'un côté vers le nez, et de l'autre vers les tempes.*

Les sourcils inclinés, d'un côté vers le nez, et de l'autre vers les tempes, annoncent un cerveau timbré. Aristote, dans sa physiognomonie, compare aux cochons les hommes dont les sourcils sont ainsi disposés, et dit qu'ils sont stupides et immondes comme ces animaux. Polémon et Adamantius confirment cette opinion, en disant que les personnes chez lesquelles la partie des sourcils qui répond au nez se porte en bas, tandis que celle qui est dirigée en dehors va en remontant vers les tempes, sont immondes et ressemblent aux cochons en esprit et en mœurs.

§. IV. *Sourcils conjoints ou réunis.*

Ceux qui ont les sourcils conjoints sont d'un naturel triste ; c'est le sentiment d'Aristote, dans sa physiognomonie. C'est aussi celui de Polémon ; mais Adamantius prend pour un signe de tristesse, l'épaisseur des sourcils et non pas leur réunion. Ephésius dit que les sourcils qui aboutissent l'un à l'autre vers le nez, indiquent la tristesse et la morosité ; Albert ajoute qu'ils sont aussi un signe de peu de sagesse.

Dares le Phrygien rapporte que Briséïs avait les sourcils conjoints, et que son ame était sans détour, pieuse et pleine de pudeur.

Quant à nous, nous pensons que les sourcils conjoints et clairs annoncent un esprit très-propre à l'étude des sciences et des beaux-arts, une ame sincère et douce, enfin de très-bonnes mœurs. Suétone nous apprend que l'empereur Octave, qui avait les sourcils conjoints, était passionné pour les beaux-arts, recommandable par son éloquence, par sa connaissance profonde de la langue grecque ; et par ses ouvrages tant en prose qu'en vers.

§. V. *Sourcils en arcade et s'élevant souvent.*

Albert dit que les sourcils en arcade, et qui s'élèvent en haut par des mouvemens fréquens, dénotent l'homme superbe, courageux, glorieux, audacieux, menaçant et enclin à la colère. Scot et Conciliator pensent de même qu'Albert. Dares le Phrygien rapporte que Pyrrhus, fils d'Achille, avait des sourcils grands et en arcade, et qu'il bégayait, se fâchait promptement, se plaisait au meurtre et au carnage. Virgile et plusieurs autres auteurs, ont dit la même chose de ses mœurs.

§. VI. *Sourcils inclinés de haut en bas.*

Les sourcils qui présentent cette disposition caractérisent, dit Scot, l'homme plein de ruses, menteur, traître, mutin, paresseux et de peu de parole.

§. VII. *Sourcils entièrement abattus.*

Galien et Pline disent, d'après d'autres auteurs, que les sourcils entièrement abattus sont un signe d'envie. C'est aussi un caractère que Polémon a emprunté d'Aristote, pour le donner à la figure de l'envieux.

§. VIII. *Sourcils épais.*

Aristote écrit à Alexandre que ceux qui ont les sourcils très-épais ont de la difficulté à parler. Ephisius dit que lorsqu'ils sont épais et conjoints, ils annoncent l'homme impie, larron, trompeur, homicide et machinant toujours en son ame quelqu'action noire.

§. IX. *Sourcils clairs.*

Suivant l'opinion d'Albert, laquelle a été adoptée par Conciliator, l'absence de poils aux sourcils, ou leur rareté, est un signe de foiblesse et de relâchement.

§. X. *Sourcils longs.*

Rhases dit que les sourcils longs indiquent l'arrogance et l'effronterie. Suivant l'opinion d'Albert, les sourcils grands, dont le poil est long et épais, désignent l'homme farouche, cruel et méditant de grandes choses.

§. XI. *Sourcils grands, d'une épaisseur médiocre et bien proportionnés.*

Aristote, écrivant à Alexandre, dit que les sourcils grands et bien proportionnés, dans l'épaisseur et la longueur des poils, désignent une conception facile et beaucoup de perfection dans les **autres** fonctions intellectuelles.

DES SIGNES QUI SE TIRENT DES YEUX.

La nature semble avoir placé spécialement dans les yeux le siége de l'expression des plus secrètes pensées de l'homme ; de là cet ancien proverbe : *Les yeux sont le miroir de l'ame.* C'est pour cette raison que Galien appelait les yeux *organes divins*, et qu'il disait que la tête avait été formée pour eux. C'est aussi ce qui a fait dire à Pline, que les yeux sont l'embléme de la modération, de la clémence, de la piété, de la haine, de l'amour, de la tristesse, de la joie, etc. En effet, il n'est aucun sentiment, aucune passion, dont les yeux ne nous tracent une image fidèle ; mais ce sont sur-tout les passions qui viennent s'y peindre d'une manière frappante. Dans l'amour, ils sont médiocrement ouverts le blanc de l'œil est fort vif, éclatant ; la prunelle étincelante ; dans le désir, les yeux ont plus de vivacité et d'éclat, la prunelle est pleine de feu ; dans la timidité, la honte, la pudeur, les yeux se baissent; dans la crainte, la prunelle est agitée d'un mouvement inquiet ; dans le saisissement elle est immobile, et couverte en partie par la paupière supérieure ; dans la joie et ses nuances, telles que la satisfaction, la gaîté, le rire, l'œil est net, serein, médiocrement ouvert, la prunelle plus ou moins vive et éclatante; dans la tristesse, l'inquiétude, les soucis, les regrets, le chagrin, la langueur, l'affliction, la désolation, l'accablement, les yeux sont sans éclat, languissans, éteints, presque fermés et fixés vers la terre, les paupières abattues, leur tour livide et enfoncé; dans l'envie, la jalousie, la haine, l'œil est étincelant, la prunelle, cachée sous les sourcils, et tournée vers l'objet qui cause la passion; dans l'emportement, la colère, la fureur, l'œil est rouge, enflammé, la prunelle égarée et étincelante, les paupières agitées de mille mouvemens divers, etc.

On voit, d'après cela, que les yeux offrent au physionomiste les considérations les plus importantes, et qu'ils lui fournissent des indices beaucoup plus certains que les autres parties de la face.

Nous divisons les signes que nous tirons des yeux, en ceux qui ont rapport aux paupières qui les recouvrent, et en ceux qui appartiennent au globe de l'œil lui-même.

A. *Des signes tirés des paupières.*

Les paupières sont des espèces de voiles mobiles, situés au dessous des sourcils et au devant des yeux ; il y en a deux pour chaque œil ; on les distingue en supérieure et en inférieure ; l'une et l'autre sont garnies à leur bord libre ou contour, d'une ou de plusieurs rangées de poils connus sous le nom de *cils ;* elles se réunissent aux deux côtés de l'œil pour en former les angles, dont l'un est interne, c'est le grand angle de l'œil, et dont l'autre est externe, c'est le petit.

On voit par cette courte explication, que le peu de signes que présentent au physionomiste les cils et les angles des yeux appartiennent à cet article.

§. Ier. *Paupières rouges et grosses.*

Aristote donne les paupières grosses et rouges à la figure de l'homme sans honte. Polémon et Adamantius les lui donnent grosses et ouvertes. Rhasès dit que celui qui a les paupières grosses est sans honte, et que leur rougeur survient aux vieillards et aux ivrognes.

§. II. *Paupières inférieures enflées et pen-dantes.*

Aristote dit, dans sa physiognomonie, que ceux qui ont les paupières inférieures enflées et pen-dantes sont adonnés à l'ivrognerie. Le vin, en effet, suivant l'opinion des médecins, débilite le cerveau, et cette débilité portant son influence sur les paupières inférieures, celles-ci se soutiennent plus difficilement, et s'abandonnent pour ainsi dire à leur propre poids. Polémon et Adamantius sont du sentiment d'Aristote.

§. III. *Paupières supérieures enflées et pendantes.*

Les hommes qui ont les paupières supérieures enflées et pendantes, dit Aristote dans sa physiognomonie, sont pesans et enclins au sommeil. Albert dit la même chose.

Laissons les anciens médecins, et autres, se perdre dans le vague des hypothèses, pour expliquer les causes de la co-existence du penchant au sommeil avec l'inertie des paupières supérieures; il est d'autant plus inutile de les suivre dans cette espèce de dédale, que leurs explications ne sont nullement d'accord avec l'état actuel des connaissances physiologiques.

Ovide décrit ainsi le sommeil :

. . . . Tardaque Deus gravitate jacentes
Vix oculos tollens, iterum iterumque relabens
Summaque perculiens nutanti pectora mento.

Adamantius prétend que lorsque les paupières, tant supérieures qu'inférieures, sont enflées, elles désignent l'homme sommeillant et sujet aux fluxions de tête. Polémon ne s'explique pas clairement sur cet objet.

§. IV. *Paupières dépourvues de cils.*

La chute des cils, de même que celle des cheveux, comme le dit Aristote dans ses problêmes, est un signe que l'homme est livré à l'amour des femmes, dont l'usage immodéré fait tomber toute espèce de poils, sur-tout ceux des parties supérieures, tels que les cheveux, les sourcils, les cils.

§. V. *Paupières garnies de cils solides et noirs.*

Suivant l'opinion de Conciliator, les paupières garnies de cils solides et noirs désignent l'homme dont l'ame est constante et parfaite.

§. VI. *Angles des yeux disproportionnés en grandeur.*

Les angles des yeux d'une grandeur disproportionnée, suivant Aristote, dans son livre des animaux, et d'après lui Galien, sont un signe de mauvaises mœurs. Pline, après Trogus, dit que tous ceux dont les yeux sont trop fendus, ont un naturel malfaisant.

§. VII. *Angles des yeux d'une moyenne grandeur.*

Suivant Galien, les angles qui sont d'une

moyenne grandeur annoncent de bonnes mœurs; c'est à tort qu'Albert dit qu'ils dénotent un caractère rusé.

B. *Des signes que l'on tire du globe de l'œil.*

Le globe de l'œil peut être considéré, 1°. dans ses qualités physiques, 2°. dans ses qualités morales, 3°. dans ses mouvemens.

Du globe de l'œil considéré dans ses qualités physiques.

Les qualités physiques de l'œil appartiennent ou au globe de l'œil en entier, ou elles ont spécialement rapport à l'iris. (1)

Les premières sont ses variétés de volume, ses divers degrés de clarté, sa situation plus ou moins profonde dans l'orbite où il est logé, ce qui constitue les yeux saillans et les yeux concaves ; sa direction vicieuse, ce qui constitue les yeux louches ou de travers.

Les secondes sont ses différentes couleurs et quelques variétés de grandeur de la pupille. Nous allons successivement considérer ces diverses qualités du globe de l'œil.

____

(1) L'iris est une membrane circulaire située dans l'intérieur de l'œil, diversement colorée dans les différens individus, et percée dans son milieu d'une ouverture circulaire destinée à livrer passage aux rayons lumineux. On donne à cette ouverture le nom de *pupille* ou de *prunelle.*

Variétés de volume.

§. Ier. *Des yeux très-grands.*

Aristote, dans son livre des animaux, et après lui Galien n'approuvent pas les yeux trop grands; dans sa physiognomonie il dit que ceux qui ont les yeux très-grands sont paresseux, et tiennent du naturel des bœufs : Galien dit la même chose ; c'est aussi le sentiment de Rhasès et de Conciliator. Le poisson vulgairement appelé *Negrœil* ou *Arcillet*, ou d'apres les Grecs, Ménalure, a les yeux très-grands à proportion de la grandeur de son corps. Oppian dit qu'il est imbécille, et c'est le plus timide des poissons. L'Hépétus, autre poisson qui a aussi les yeux très-grands, est si timide et si lâche qu'il ne s'éloigne jamais de ceux de son espèce.

L'empereur Domitien avait les yeux très-grands, au rapport de Suétone, et leur prunelle était un peu obscure, c'est pourquoi il avait peu d'esprit, peu de talent et beaucoup de paresse.

§. II. *Des yeux grands.*

Aristote écrivant à Alexandre, fait l'éloge des yeux grands. Galien, dans son livre de la Médecine, dit qu'il en est de la grandeur des yeux comme de celle de la tête, qu'elle peut être d'un bon ou d'un mauvais augure ; s'ils joignent à la grandeur, la beauté, une bonne organisation, s'ils font bien leurs fonctions, ils annoncent une constitution parfaite. Homère dit que les yeux sont beaux quand ils sont grands, et qu'ils approchent de ceux du bœuf ; de là l'épithète qu'il donne souvent aux déesses à cause de la beauté de leurs yeux. Le cerf a les yeux grands, agréables et bien organisés, et il excelle parmi les animaux en intelligence. Polémon rapporte que Socrate avait les yeux grands, élevés et brillans ; Platon, dans son Thecletus, dit qu'il les avait à fleur de tête, et qu'il était juste, prudent, laborieux et plein d'amour : c'est lui qu'Apollonius a appelé *le plus sage de tous les hommes*. Néoptolème, d'après le rapport de Darès, avait les yeux grands et était excellent guerrier. L'empereur Tibère les avait fort grands et il était doué de beaucoup de vivacité et de talent dans la discipline militaire ; il est à remarquer que ses yeux jouissaient d'une singulière propriété, celle d'apercevoir, lorsqu'il se réveillait la nuit, pendant quelques momens, les objets qui l'environnaient, aussi bien qu'en plein jour ; peu à peu ils s'obscurcissaient jusqu'à ce qu'ils ne pussent plus voir que les ténèbres.

§. III. *Des yeux fort petits.*

Aristote, dans son livre des animaux, désapprouve les yeux fort petits : Galien en fait autant. Aristote dit dans sa physiognomonie que les personnes qui ont les yeux petits, comme ceux des singes, sont pusillanimes ; et si à leur petitesse, ils joignent une mauvaise organisation, s'ils exécutent mal leurs fonctions, ils annoncent, suivant Galien, une constitution vicieuse. Polémon et Adamantius donnent des yeux très-petits à la figure de l'avare. La tortue qui les a petits, est rusée et cauteleuse.

§. IV. *Des yeux petits et bien faits.*

De même que Galien ne désapprouve pas les grands yeux, de même aussi il ne méprise pas les petits, pourvu qu'ils soient beaux, bien faits et qu'ils remplissent bien les fonctions que la nature leur a assignées, parce que s'ils contiennent peu de matière, cette matière jouit de toute la perfection dont elle est susceptible. Diogène, fondé sur l'autorité de Timothée l'Athénien, au livre des vices, rapporte qu'Aristote même avait les yeux petits.

§. V. *Des yeux médiocres.*

Aristote, dans son livre des animaux, et après

lui Galien, disent que les yeux, pour être bien estimés, ne doivent être ni grands ni petits ; le premier de ces auteurs répète la même chose dans sa physiognomonie, et, s'adressant à Alexandre, il dit que celui dont les yeux sont d'une grandeur médiocre, et tirant sur la couleur du ciel ou sur le noir, est doué d'un entendement vif et pénétrant, qu'il est homme de cœur, recommandable par sa fidélité. Polémon donne à la figure de l'homme de bien, les yeux d'une grandeur médiocre et la prunelle humide.

VARIÉTÉS DE CLARTÉ.

§. VI. *Des yeux ténébreux.*

Suivant Polémon, les yeux ténébreux sont un signe d'impudence. Adamantius dit qu'ils dénotent l'homme incommode. Lorsqu'ils sont ternes et sales, ces mêmes auteurs les regardent comme un signe de tromperie, de perfidie et d'intempérance.

Lorsqu'ils sont obscurs, nébuleux jusqu'à la lividité, qu'ils ressemblent pour ainsi dire à ceux d'un mort, ils annoncent un caractère cruel, inhumain, qui ne machine que trahisons, meurtres et autres actions criminelles. Tels étaient les yeux de Catilina, comme on le lit dans Salluste, et de Néron, comme Suétone le rapporte ; tous les deux connus par leur ame impudique, leur perfidie et leur cruauté.

§. VII. *Des yeux ténébreux et secs.*

Les yeux ténébreux et secs dénotent, suivant Polémon, l'homme orgueilleux, et suivant Adamantius, l'envieux.

§. VIII. *Des yeux ténébreux et humides.*

Polémon et Adamantius disent que les yeux ténébreux et humides appartiennent à l'homme constant, propre aux arts, ingénieux, honteux, timide et intéressé.

§. IX. *Des yeux ténébreux et petits.*

Les yeux ténébreux et petits dénotent l'homme frauduleux, occupé à mal faire, et d'un caractère double.

§. X. *Des yeux clairs.*

Suivant Polémon, Adamantius et Conciliator, les yeux clairs désignent de très-bonnes mœurs, si aucun signe ne s'y oppose. Aristote dit au livre des parties, que la clarté des yeux est due à la clarté des humeurs, et que les animaux qui ont le sang subtil sont fort prudens. Auguste, qui avait les yeux nets et clairs, était doué de très-bonnes mœurs, et s'est distingué par son esprit et par ses connaissances dans l'art militaire.

§. XI. *Des yeux brillans.*

Ceux qui ont les yeux brillans, dit Aristote dans sa physiognomonie, sont luxurieux, et tiennent à cet égard du naturel des coqs et des corbeaux. Polémon dit que le penchant aux plaisirs sensuels se reconnaît, tant chez les hommes que chez les femmes, aux yeux brillans qui semblent alors remplis de volupté. Adamantius pense comme Polémon.

§. XII. *Des yeux brillans et secs.*

Suivant Polémon et Adamantius, les yeux brillans et arides dénotent l'homme méchant et rempli de crimes.

§. XIII. *Des yeux brillans et humides.*

Les mêmes auteurs disent que les yeux brillans et humides désignent l'homme doué de bonnes mœurs; suivant Albert, les yeux brillans et humides annoncent des mœurs modestes, retenues et graves.

Variétés de situation.

§. XIV. *Des yeux très-saillans.*

Aristote, dans son livre des animaux, désapprouve les yeux qui sont très - saillans ; Galien les désapprouve aussi. Le premier de ces auteurs, dans sa physiognomonie, compare l'homme dont les yeux sont ainsi disposés, à l'âne, dont les yeux sont proéminens en dehors, et en s'adressant à Alexandre, il dit que celui qui a les yeux semblables à ceux des ânes, manque de sagesse, et a le chignon du cou dur. Polémon et Adamantius ne croient pas dignes d'éloges ceux qui ont les yeux saillans. Rhases dit qu'ils sont sans honte, babillards, lourds et stupides ; Pline prétend qu'ils sont fort hébêtés. Les médecins pensent que la proéminence des yeux provient de l'humidité des ventricules latéraux du cerveau ou de sa débilité, raison pour laquelle elle est un signe de stupidité.

§. XV. *Des yeux saillans, entourés par un creux.*

Polémon et Adamantius disent que les yeux préominens, entourés par un creux circulaire, dénotent l'homme trompeur.

§. XVI. *Des yeux saillans vers le haut.*

Suivant l'opinion de Polémon, tous ceux qui ont l'œil élevé, semblent joindre à la fierté du lion des marques de vanité et de folie. Adamantius dit que l'œil élevé est un signe de gourmandise.

§. XVII. *Des yeux saillans vers le bas.*

Les yeux dirigés du haut en bas comme s'ils tombaient, dénotent l'homme d'un naturel inhumain et implacable.

§. XVIII. *Des yeux saillans et secs.*

On peut regarder comme capable de toute sorte de crimes celui qui a les yeux saillans et secs. Cette sécheresse des yeux provient de la sécheresse du cerveau, et de l'affreuse mélancolie, source des actions les plus noires et les plus effroyables, comme l'observe Conciliator:

§. XIX. *Des yeux enfoncés et petits.*

Les yeux enfoncés et petits, disent Polémon et Adamantius, appartiennent à l'homme trompeur et rongé par l'envie, dont il faut se défier. Rhasès confirme la même opinion. Suivant les anciens physiologistes , l'enfoncement des yeux provient de la sécheresse des muscles et autres parties molles, laquelle donne naissance à la crainte, à la folie, à l'envie, à la ruse, à la perfidie. César Borgia, duc de Valence, avait les yeux enfoncés dans la partie la plus reculée de leurs orbites , le regard farouche , étincelant , semblable à celui de la vipère ; ses amis même ne pouvaient supporter sa vue : il coupa la gorge à son frère et le jeta dans le Tibre. Son père , qui était pontife , craignait que ce fils forcené ne lui fît subir le même sort ; il fit massacrer plusieurs personnes , et en empoisonna d'autres; aussi le regardait-on comme le fléau de son siècle. Tamerlan , connu par sa barbarie , et par les ravages qu'il fit dans l'Orient , avait aussi les yeux très-enfoncés.

§. XX. *Des yeux enfoncés et grands.*

Polémon et Adamantius ont dit que les yeux doivent être grands et enfoncés , pour être sans difformité ; l'ancien interprète d'Aristote le traduit ainsi : *ceux qui ont les yeux enfoncés sont doux , et tiennent du naturel des bœufs ;* mais cette interprétation est vicieuse , elle implique contradiction avec les autres écrits d'Aristote ; car ce philosophe dit ailleurs que ceux qui ont les yeux enfoncés sont pleins de malice et ressemblent aux singes, lesquels les ont aussi un peu enfoncés. Gesner n'interprète pas mieux le texte grec, en disant que ceux qui ont les yeux assez enfoncés sont doux et tiennent du naturel des bœufs. Si l'on fait attention aux yeux de ces animaux, on voit qu'ils sont un peu enfoncés, et l'on est porté à croire qu'Aristote a voulu dire que ceux qui ont les yeux enfoncés et fort grands sont doux et tiennent du naturel des bœufs.

§. XXI. *Des yeux ni saillans ni enfoncés.*

Les yeux qui ne sont ni saillans ni enfoncés, dit Aristote dans sa physiognomonie, appartiennent aux hommes d'un grand cœur, et ressemblent aux lions; car, puisqu'on n'estime pas les yeux saillans ni les yeux enfoncés, ceux qui tiennent le milieu entre les uns et les autres, doivent présenter les signes les plus avantageux. Le même auteur, dans son livre des animaux, dit qu'ils annoncent des mœurs excellentes; c'est aussi le sentiment de Mélétius le philosophe.

De la direction vicieuse des yeux, ou des yeux louches (1).

C'est une opinion commune parmi les physionomistes, que ceux qui ont les yeux de travers ont l'esprit pervers ; chez eux il y a un vice d'organisation dans la partie du cerveau, d'où les yeux tirent leur origine , et comme le cerveau est une des plus nobles parties du corps de l'homme, toute espèce de défaut dans cet organe est un mauvais signe. Stace dépeint Minerve avec les yeux de travers, comme farouches et menaçans :

. . . . Hic torvæ Palladis angues.

On disait autrefois de ceux qui avaient le regard louche, qu'ils *regardaient en taureau*, et cette expression était passée en proverbe. Aristophane s'en sert pour dépeindre la face courroucée d'Eschille. Platon rapporte que Socrate avait coutume de regarder en taureau. Attila roi des, Huns , était épouvantable par son aspect hideux et louche. Nous avons déjà eu occasion de parler de ses qualités morales.

(1) Cette espèce d'affection est connue en médecine sous le nom de *strabisme*.

§ XXII. *Des yeux louches du côté droit.*

Les yeux dirigés vers le côté droit, disent Polémon et Adamantius, sont un signe de folie.
Quant à nous, nous croyons qu'ils sont un signe de lubricité, et que ceux qui ont de semblables yeux tiennent du naturel des boucs, lesquels sont, comme on sait, très-lubriques et
regardent de travers :

> . . . . Transversa tuentibus hircis.
> VIRGILE.

Isidore croit que le bouc a été nommé *hircus*
en latin, à cause de la direction de ses yeux vers
leurs angles. Les poètes donnent à Vénus et aux
amoureux des yeux obliques. Apulée, parlant
de Fotis, dit : *ad me conversa limis et morsi-
cantibus oculis.* Plaute dit dans son soldat : *as-
pice me oculis limis.* Roscius Gallus, qui était
fort chéri de Q. Catulle, avait les yeux de travers,
et cependant il était très - aimable, d'une belle
forme et d'un très-bon naturel. Hector était bigle
et propre à l'amour, comme le rapporte Dares.

§. XXIII. *Des yeux louches du côté gauche.*

Les yeux louches et dirigés du côté gauche
sont aussi un signe de luxure.

§. **XXIV.** *Des yeux louches dirigés vers le nez.*

Si les yeux regardent vers le nez, ils dénotent, suivant Polémon et Adamantius, l'homme gracieux, aimable et adonné aux plaisirs de Vénus.

VARIÉTÉS DE COULEURS.

§. XXV. *Des yeux azurés.*

Cette couleur est très-claire ; Gellius la met au nombre des couleurs éclatantes. Les Latins en tirent l'étymologie de la clarté du ciel, lorsqu'il est serein, qu'ils appellent *cæsius*, et non pas de la couleur bleue, comme quelques uns le pensent. Les Italiens l'appellent *beanchiccio*, comme s'ils disaient *tirant sur le blanc*. Cette couleur se remarque dans les yeux des enfans naissans, comme l'avait observé Aristote. Les habitans du Nord ont aussi les yeux de cette couleur ; elle provient, suivant cet auteur, de la concentration de la chaleur intérieure du corps, et dénote la timidité. Polémon a dit, d'après Aristote, que la couleur azurée est un signe de crainte. Néron avait les yeux azurés : c'est pourquoi, suivant le témoignage de Suétone, il joignait à une foule de mauvaises qualités, la timidité.

§. XXVI. *Des yeux safranés.*

Cette couleur est celle qui distingue les yeux des hiboux, dont le nom grec a donné naissance au mot *glaucus*, par lequel les Latins expriment cette couleur. Les yeux dans lesquels on l'observe dénotent des mœurs sauvages, approchant de celles des bêtes féroces. On voit en effet que la plupart des animaux sauvages ont les yeux pers, tirant sur la couleur de safran, et qu'au contraire les animaux domestiques les ont noirs. Polémon dit que la couleur safranée des yeux dénote l'homme rustique ; suivant Adamantius, elle annonce l'homme sauvage et méchant. Ptolémée le philosophe, prétend qu'elle désigne l'homme cruel et trompeur, parce qu'elle est un signe de la prédominance de la bile. Suivant Rhasès, les yeux de couleur de safran annoncent de très-mauvaises mœurs. Tels étaient les yeux de Sylla, que Plutarque dépeint d'un caractère rustique et cruel ; tels étaient aussi ceux de Sfortia qui, comme le rapporte Jovius, se laissait souvent entraîner par la colère, et donnait alors des marques d'une cruauté sauvage.

§. XXVII. *Des yeux tirant sur le vert.*

Ceux qui ont les yeux semblables au vert des olives, dit Polémon, sont forts. Patrocle est dépeint, dans les écrits de Dares le Phrygien , avec des yeux de cette couleur, et il était très-robuste.

§. XXVIII. *Des yeux bleus.*

Polémon dit que les yeux bleus qui sont un peu humides , annoncent l'homme trompeur ; Adamantius est du même sentiment. Galba avait les yeux bleus, et il était trompeur, avare et cruel.

§. XXIX. *Des yeux bleus, grands, fixes et brillans.*

Suivant Polémon, les yeux bleus, humides et fixes, dénotent que l'homme est doué de très-bonnes mœurs et d'un grand cœur; Adamantius est de la même opinion ; Aristote dit, en s'adressant à Alexandre, que celui dont les yeux tirent sur la couleur du ciel ou sur la noire, a l'entendement vif et pénétrant, et le cœur fidèle. Cette couleur bleue tient le milieu entre la blanche et la noire ; elle indique une constitution tempérée du cerveau, d'où résulte la bonté de l'esprit et l'excellent naturel de l'homme, sans aucun penchant à la colère ni à la mélancolie. Homère et les autres poètes donnent à Minerve, célèbre par sa force et par sa prudence, les yeux de cette couleur ; c'est pourquoi on l'appelle *la déesse aux yeux pers ;* d'autres disent qu'on l'appelle ainsi parce que la vertu est illustre et éclatante ; d'aures enfin prétendent qu'elle est ainsi nommée non parce qu'elle avait les yeux pers , mais parce qu'ils inspirent de l'épouvante. Cicéron , dans le premier livre de la nature des Dieux, dépeint Minerve avec les yeux pers et Neptune avec les yeux bleus. Philibert d'Orange avait les yeux bleus; c'était un vaillant guerrier, qui ne craignait jamais d'affronter les dangers et d'exposer sa vie lorsqu'il s'agissait de combattre ses ennemis.

§. XXX. *Des yeux noirs.*

Les yeux noirs sont un signe de timidité , disent Polémon et Adamantius. En effet, les animaux domestiques qui ont les yeux noirs sont doux et timides; tandis que les sauvages, qui ont les yeux pers , ont les mœurs farouches.

§. XXXI. *Des yeux fort noirs.*

Suivant Aristote, dans sa physiognomonie, les yeux fort noirs sont un signe de timidité : mais l'opinion de Polémon paraît meilleure ; il pense que la couleur fort noire des yeux dénote l'homme rusé et trompeur ; Adamantius dit timide et frauduleux. Quant à nous, nous croyons que ceux dont les yeux sont très-noirs, tiennent du naturel des Ethiopiens, lesquels les ont très-noirs, et sont timides et trompeurs. Averroës, dans le quatrième de ses livres intitulé *Colliget*, écrit que la noirceur des yeux provient de la chaleur du cerveau, laquelle donne naissance à la tromperie.

§. XXXII. *Des yeux brunâtres.*

Les yeux de cette couleur ressemblent aux yeux des brebis ; c'est pourquoi ils sont un signe de balourdise et de stupidité.

§. XXXIII. *Des yeux jaunes.*

Aristote, dans sa physiognomonie, dit que ceux qui ont les yeux noirs tirant sur le jaune, sont courageux. Suivant Polémon et Adamantius, la couleur un peu jaune des yeux dénote l'homme robuste et d'un grand cœur. César, au rapport de Suétone, avait les yeux noirs tirant sur le jaune, vifs, brillans, ce qui témoignoit un grand cœur.

§. XXXIV. *Des yeux de couleur tannée.*

Cette couleur tient le milieu entre la noire et la jaune brillante; elle rend les yeux très-beaux : c'est pourquoi les Grecs l'appellent *gracieuse ;* les Latins la nomment *fauve ;* Porphirius dit que la couleur fauve et la tannée est la même. Elle s'observe dans les yeux des lions, des aigles et des vautours. Aristote, dans sa physiognomonie, dit que ceux qui n'ont pas les yeux azurés, mais tannés, sont magnanimes et tiennent du naturel du lion et de l'aigle. Rhasès regarde les yeux de cette couleur comme les plus avantageux. Polémon et Adamantius, dans la description qu'ils font de l'homme ingénieux, lui donnent les yeux tannés, clairs, humides et modestes.

Fronton estime les chiens de berger qui ont les yeux tannés comme les lions.

§. XXXV. *Des yeux rouges tirant sur le jaune.*

Cette couleur s'éloigne de la clarté de la perse et tire sur l'obscure; c'est une couleur un peu terne et sale, comme vineuse et jaunâtre; les yeux dans lesquels on l'observe étoient appelés par les anciens *yeux de chèvre,* parce que les chèvres ont les yeux de cette couleur. Elle est, suivant Aristote, la plus avantageuse à la vision, et désigne, comme on le lit dans le livre des animaux, de très-bonnes mœurs. Mais le même auteur dit, dans sa physiognomonie, que les yeux couleur de vin dénotent l'homme lourd et qu'il tient du naturel des chèvres ; ce qui forme une contradiction. Mais il est probable qu'il y a une faute dans le texte de ce dernier ouvrage, ou qu'il a été mal interprété ; car les yeux des chèvres ne sont pas tout à fait couleur de vin ; et le même auteur, dans un autre endroit de son livre des animaux, attribue l'imbécillité aux brebis et la prudence aux chèvres. Il rapporte même que les chèvres sauvages de l'île de Crète, lorsqu'elles ont été blessées, cherchent la plante que les botanistes appellent *dictame*, pour se secourir elles-mêmes, en y puisant les propriétés médicamenteuses qu'elle renferme.

§. XXXVI. *Des yeux rouges.*

Ceux qui ont les yeux rouges sont enclins à la colère, et c'est à cette passion, qui se porte quelquefois en eux jusqu'à la stupidité, que l'on doit attribuer cette couleur des yeux ; car on voit constamment les yeux devenir rouges dans la colère ; c'est le sentiment d'Aristote. Homère dépeint Antinoüs enflammé de courroux avec les yeux rouges, étincelans, ne lançant par-tout que des traits de feu. Nous avons souvent vu des hommes se laisser tellement emporter par la colère qu'ils en étaient stupides et ne se possédaient plus, et nous avons remarqué que chez eux les vaisseaux même du blanc de l'œil étaient gorgés de sang.

Polémon et Adamantius disent que les yeux de couleur de sang désignent l'homme inconsidéré et d'un caractère bouillant. Les Egyptiens, en dépeignant l'homme impudent, le comparent à une grenouille dont les yeux sont, de toutes ses parties, les seules qui paraissent contenir du sang; ils le comparent aussi à la mouche, laquelle est, comme on sait, très-impudente, et ne contient du sang qu'à la tête autour des yeux.

§. XXXVII. *Des yeux rouges et secs.*

Lorsque les yeux ajoutent la sécheresse à la rougeur, on peut les regarder avec plus de sûreté comme un signe d'un naturel enclin à la colère; c'est le sentiment de Polémon, d'Adamantius et d'Albert.

§. XXXVIII. *Des yeux rouges et humides.*

Suivant les mêmes auteurs, les yeux rouges et humides dénotent l'homme enclin à l'ivrognerie.

§. XXXIX. *Des yeux de couleur de feu.*

Ceux qui ont les yeux de couleur de feu sont sans honte, et tiennent du naturel des chiens ; c'est pourquoi Adamantius dit que les yeux enflammés, semblables à ceux des chiens, annoncent l'impudent. Dans Homère, on voit Achille reprocher à Agamemnon ses yeux de chien et son cœur de cerf. Aristogiton, fils de Cydimachus, était appelé chien à cause de son effronterie ; et les philosophes ciniques sont ainsi nommés, parce qu'ils ressemblent aux chiens par leur impudence, leur effronterie et leur opiniâtreté.

§. XL. *Des yeux pleins de taches.*

Aristote dit à Alexandre, que les yeux les plus désavantageux sont ceux qui ont l'iris plein de petites taches noires ou un peu rougeâtres, et qu'ils annoncent un caractère méchant. Rhases dit, après Aristote, que les yeux dont l'iris présente des taches de diverses couleurs, désignent l'homme envieux, hableur et très-méchant. Nous avons toujours observé que ceux qui avaient de semblables yeux étaient traîtres, homicides, infidèles et impies. On lit dans Aristote, que l'hyène et le veau marin ont les yeux de mille couleurs diverses, et l'on sait que l'hyène est pleine de toutes sortes de ruses et de méchancetés.

§. XLI. *Des yeux pleins de taches de diverses couleurs et petits.*

Ceux qui ont les yeux variés en couleurs et petits, sont dominés par l'intérêt, serviles, flatteurs, avares, et prennent plaisir à dire toute autre chose qu'ils ne pensent, quoiqu'ils n'en retirent aucun émolument. Les hommes de cette sorte sont imbécilles comme les lièvres, qui leur ressemblent aussi par leurs yeux.

§. XLII. *Des yeux dont l'iris présente des cercles blanchâtres.*

Selon l'opinion de Polémon et d'Adamantius, ceux qui ont des cercles blanchâtres dans leurs yeux, sont de la plus grande imbécillité et très-peureux.

§. XLIII. *Des yeux dont l'iris présente des cercles de diverses couleurs.*

Selon Adamantius, ceux qui ont dans l'iris des cercles de couleurs variées sont trompeurs. Polémon ne tire aucun signe de cette variété de l'iris.

§. XLIV. *Deux cercles à l'iris, l'interne noir et l'externe de couleur de feu.*

Ces yeux, selon l'opinion d'Adamantius, dénotent l'homme d'un grand courage, prudent, juste, d'un bon naturel. Polémon est obscur dans l'explication de ce signe.

§. XLV. *Cercle interne de l'iris vert, et cercle externe noir.*

Selon l'opinion de Polémon et d'Adamantius, la couleur verte du cercle interne de l'iris, et la couleur noire du cercle externe, sont un signe que l'homme est trompeur, injuste, avide d'argent, et porté à l'amour des femmes.

§. XLVI. *Des yeux décolorés.*

Ceux qui ont les yeux décolorés, dit Aristote dans sa physiognomonie, sont timides, et cette décoloration doit être attribuée au sentiment de la crainte; car on voit toujours devenir pâle celui dont la crainte s'empare. Polémon et Adamantius donnent à la figure du timide des yeux troubles.

Variétés de grandeur de la pupille, ou prunelle.

§. XLVII. *Des prunelles grandes.*

Ceux qui ont les pupilles ou prunelles grandes ont de mauvaises mœurs. Adamantius dit qu'ils sont robustes, et c'est avec raison ; car ils ressemblent aux brebis, aux bœufs et aux autres animaux imbécilles, qui ont tous la prunelle grande.

§. XLVIII. *Des prunelles petites.*

Les prunelles petites sont un signe que l'homme machine malicieusement quelque mauvaise action, et qu'il ressemble à certains animaux, tels que les serpens, les rats d'inde, les singes, les renards et autres, qui ont les prunelles petites et sont méchamment rusés ; c'est ce qu'on lit dans Polémon, et que confirme Adamantius. Albert dit aussi que les serpens, les hyènes, les singes, les renards, ont les prunelles petites, et que lorsqu'on les observe telles dans l'homme, on peut juger qu'il est du naturel de ces animaux. Nous avons remarqué que les hommes adonnés à la lubricité ont les prunelles petites, par similitude, peut-être, avec les rats d'inde, les hyènes, les perdrix, les cailles et les coqs ; car tous ces animaux sont lascifs, et ont les prunelles petites.

§. XLIX. *Des prunelles médiocres.*

Les prunelles les plus avantageuses sont celles qui sont d'une grandeur médiocre ; elles annoncent un bon esprit et de belles qualités morales. Albert dit que ceux qui ont les prunelles médiocres sont forts.

§. L. *Des prunelles dissemblables.*

Suivant l'opinion de Polémon, ceux qui ont les prunelles dissemblables sont lourds et stupides. Adamantius prétend avec plus de raison, qu'ils sont remplis de méchanceté. Son sentiment est confirmé par Albert.

DU GLOBE DE L'OEIL CONSIDÉRÉ DANS SES QUALITÉS MORALES.

§. 1er *Des yeux rians.*

Il est des yeux qui portent l'empreinte de la joie ; ces yeux ne sont pas sans défaut ; car ils dénotent l'homme trompeur, qui cache ses desseins, et trame toujours quelqu'action méchante ; les yeux rians s'observent spécialement chez les femmes, lesquelles le plus souvent sont remplies de ruses, de tromperies et d'artifices. Dares rapporte qu'Enée le Troyen avait les yeux rians, et que cependant il trahit sa patrie et était un grand fourbe. La joie était peinte dans les yeux de Tammas, fils d'Ismaël Sophy, roi des Perses, et il mettait en usage une foule de ruses dans le gouvernement de l'empire.

Les yeux rians sont sur-tout un mauvais signe lorsqu'ils sont en même temps secs ou caves : alors on peut assurer que l'homme machine quelqu'action perfide.

§. II. *Des yeux rians et humides.*

Les yeux rians et humides, suivant Polémon, ne dénotent pas de mauvaises mœurs, mais des hommes vains, sans amour et intempérans. Adamantius dit qu'ils appartiennent à l'homme vain, rude, impudent, sans amour et intempérant.

§. III. *Des yeux tristes.*

Les yeux tristes sont abattus, et ressemblent à ceux des Scythes ; ils dénotent, sur-tout lorsqu'ils sont en même temps humides, l'homme pieux, fidèle, prudent, de bon conseil, enfin dominé par l'amour du bien.

§. IV. *Des yeux tristes et secs.*

Les yeux tristes et secs dénotent, suivant

Polémon, l'homme affable; mais Adamantius dit avec plus de raison qu'ils désignent l'homme plein de méchanceté; car la sécheresse des yeux est toujours un mauvais signe.

§. V. *Des yeux menaçans.*

L'homme qui a le regard menaçant, dit Adamantius, médite quelqu'action injuste et pernicieuse.

§. VI. *Des yeux doux.*

Suivant Polémon et Adamantius, le regard doux est celui de l'homme de bien.

§. VII. *Des yeux humbles.*

Les yeux humbles, dit Polémon, dénotent le caractère rustique et enclin à la colère; suivant Adamantius, ils désignent l'homme imposteur, rustique, enclin à la colère et cruel.

DU GLOBE DE L'ŒIL CONSIDÉRÉ DANS SES MOU-VEMENS.

Nous considérons dans cet article la fixité, la mobilité des yeux, et les différens modes de mouvement qui les caractérisent.

§. Ier. *Des yeux fixes.*

Les yeux fixes, suivant Polémon et Adamantius, désignent l'homme incommode.

§. II. *Des yeux fixes et humides.*

Les mêmes auteurs disent que ceux qui ont
les yeux fixes et humides sont craintifs, et ils
donnent à la figure de l'homme doux et traitable
des yeux de cette sorte.

. III. *Des yeux fixes et secs.*

Suivant Polémon, les yeux fixes et secs dénotent l'homme plein de trouble ; Adamantius dit
qu'ils sont un signe de stupidité et d'étourderie.

§. IV. *Des yeux fixes et pâles.*

Polémon dit que ceux qui ont les yeux fixes
et pâles sont insensés ; suivant Adamantius ils ont
l'esprit lourd et stupide.

§. V. *Des yeux fixes, azurés et obscurs.*

Il faut se défier, disent Polémon et Adamantius, de celui qui a les yeux fixes, azurés et
obscurs ; car c'est un homme trompeur qui ne
s'occupe que de tendre des piéges à ses semblables
et d'abuser de leur bonne foi.

§. VI *Des yeux fixes, rougeâtres et grands.*

Suivant Polémon et Adamantius, les yeux fixes, rougeâtres et grands, annoncent l'homme adonné à la gourmandise et à la lubricité.

§. VII. *Des yeux fixes et petits.*

Les mêmes auteurs disent que ceux qui ont les yeux fixes et petits sont dominés par la plus vile avarice.

§. VIII. *Des yeux mobiles.*

Aristote, dans sa physiognomonie, et après lui Polémon et Adamantius, disent que le mouvement précipité des yeux dénote l'homme adonné au larcin, et le compare aux éperviers Lucian, dans la description de son faux Devin, lui donne les yeux fort vifs et très-mobiles. Il en donne aussi de semblables à Alexandre, qu'il regarde comme un grand voleur, qui n'exerçait pas à la vérité ses brigandages dans les forêts et les montagnes, mais dans les villes mêmes.

§. IX. *Des yeux mobiles avec un regard perçant.*

L'homme, dont les yeux se remuent avec vitesse et qui a le regard perçant, est voleur, frauduleux et infidèle ; c'est ce que dit Aristote à Alexandre. Rhasès et Conciliator confirment le sentiment d'Aristote.

§. X. *Des yeux mobiles et rouges.*

Aristote dit, en s'adressant à Alexandre, que les yeux rouges et mobiles désignent l'homme d'un grand cœur, fort et puissant ; les vautours, les éperviers et autres oiseaux de proie, qui ont les yeux mobiles et de couleur de sang, sont beaucoup plus ardens au combat que les autres, et ne laissent jamais échapper leur proie.

§. XI. *Des yeux mobiles devenant fixes par intervalles.*

Ceux dont les yeux se remuent souvent, et s'arrêtant quelquefois tout à coup, dit Aristote dans sa physiognomonie, sont doués d'un grand entendement. On voit, en effet, lorsqu'un homme tend fortement son esprit pour entendre ou pour concevoir quelque chose, que ses yeux, de mobiles qu'ils étaient, deviennent fixes.

§. XII. *Des yeux mobiles et comme troublés.*

Les yeux mobiles et comme troublés dénotent l'homme rempli de soupçons, dépourvu de foi, et qui en conte beaucoup plus qu'il n'en fait ; c'est le sentiment de Polémon et d'Adamantius.

§. XIII. *Des yeux qui se meuvent avec les paupières.*

Suivant les mêmes auteurs, les yeux mobiles avec les paupières indiquent un esprit impuissant.

§. XIV. *Des yeux mobiles, les paupières étant sans mouvement.*

Celui qui a les yeux mobiles et les paupières sans mouvement est, suivant Polémon et Adamantius, confiant et hardi dans les grandes choses.

§. XV. *Des yeux dont les mouvemens sont lents.*

Les yeux qui se remuent lentement dénotent les hommes paresseux, tardifs, lâches, peu sensés, qui entreprennent difficilement un ouvrage et ont de la peine à l'achever ; c'est le sentiment de Polémon et d'Adamantius. Alexandrin dit que les yeux mobiles sont un signe de courroux, lequel est dû au tempérament chaud, et que les yeux lents annoncent la timidité, laquelle provient du tempérament froid.

§. XVI. *Des yeux dont les mouvemens sont modérés.*

D'après ce que nous venons de dire, on conçoit que les yeux qui ne jouissent que d'un mouvement modéré sont les plus avantageux; c'est le sentiment d'Adamantius. Averroës, dans le quatrième livre de son *Colliget*, attribue les mouvemens modérés des yeux au tempérament qui tient le milieu entre le chaud et le froid, et qui est, suivant lui, le meilleur des tempéramens.

§. XVII. *Des yeux tressaillans et petits.*

Les yeux tressaillans et petits indiquent, suivant l'opinion d'Adamantius, l'homme trompeur et rempli de supercherie.

§. XVIII. *Des yeux tressaillans et grands.*

Selon le même auteur, les yeux tressaillans et grands dénotent l'homme lourdement étourdi et adonné à la lubricité.

§. XIX. *Des yeux tressaillans, comme sautillans, grands et brillans.*

Les yeux qui présentent ces différentes qualités annoncent un grand esprit, une ame haute, capable d'exécuter de très grandes choses, un penchant au courroux, à l'ivrognerie, beaucoup de promptitude et d'orgueil, et une disposition au mal-caduc. Tel était le caractère d'Alexandre de Macédoine.

§. XX. *Des yeux tressaillans et troubles.*

Adamantius dit que les yeux tressaillans et troubles dénotent l'homme infidèle, injuste et très-hardi.

§. XXI. *Des yeux qui en se fermant se portent en haut* (1).

Selon l'opinion de Polémon, les yeux qui en se fermant se portent en haut, dénotent l'homme intempérant, vain et dépourvu de bon sens ; selon celle d'Adamantius, c'est un signe de gourmandise et d'impudicité. Nous pensons que Polémon n'aurait pas dû omettre cette dernière qualité, que nous regardons comme essentielle ; car dans l'acte de la copulation on ferme les yeux en les portant en haut. Torquatus-Tassus, homme de génie, et fameux poète italien, portait les yeux en haut en les fermant ; aussi était-il enclin aux plaisirs de Vénus et aux contemplations d'esprit.

(1) Les paupières jouant un grand rôle dans les mouvemens qui nous restent à examiner, il semblerait, au premier aperçu, que nous aurions dû en parler à l'article où nous traitons des paupières ; mais ces mouvemens se placent si naturellement à côté de ceux qui n'appartiennent qu'au globe de l'œil, que nous avons préféré déroger en quelque sorte à l'ordre établi, que de les en séparer.

§. XXII. *Des yeux qui en se fermant restent dans leur direction naturelle.*

Suivant Polémon et Adamantius, les yeux qui en se fermant conservent leur direction naturelle, lorsqu'ils présentent les autres bonnes qualités, désignent l'homme honnête, plein de pudeur, doux, affectueux, de très-bon conseil et d'un esprit aimable.

§. XXIII. *Des yeux toujours ouverts.*

Quand les yeux s'ouvrent fort souvent et restent\ouverts, ils indiquent que l'homme médite quelque chose dans son ame, et l'on parvient à connaître l'objet de sa méditation par l'étude de ceux des autres signes avec lesquels celui qui nous occupe est combiné ; tels que la grandeur, la petitesse de ses yeux, leur éclat ou leur obscurité, leur humidité, leur sécheresse, leur situation saillante ou enfoncée, leur direction, leur couleur, leurs mouvemens, etc. Nous allons donner quelques unes de ces combinaisons.

§. XXIV. *Des yeux toujours ouverts, obscurs et humides.*

Suivant Polémon et Adamantius, les yeux ouverts, obscurs et humides, sont ceux de l'homme qui met dans ses actions beaucoup de soin et d'exactitude.

§. XXV. *Des yeux toujours ouverts, obscurs, humides et d'un aspect doux.*

Suivant les mêmes auteurs, les yeux doués de ces qualités annoncent l'homme de bien.

§. XXVI. *Des yeux ouverts, secs et brillans.*

Les yeux ouverts, secs et brillans, disent Polémon et Adamantius, dénotent l'homme impudent et hardi. Aristote, dans sa physiognomonie, dépeint l'homme impudent avec les yeux ouverts et brillans ; Polémon et Adamantius donnent aussi les mêmes yeux à la figure du même homme ; les yeux ouverts et brillans , dit Rhasès, sont sans honte.

§. XXVII. *De ceux qui dorment les yeux ouverts.*

Il est beaucoup de personnes qui dorment les yeux ouverts ; que faut-il présager de leurs mœurs ? Nous les regardons comme timides , d'après l'observation que nous avons eu occasion de faire sur plusieurs individus, et nous les comparons aux lièvres , lesquels sont extrèmement timides et dorment les yeux ouverts ; c'est ce que n'ignorait pas Xénophon, comme on peut s'en assurer dans ses écrits. La maladie connue des anciens, sous le nom de *corybantiasme* (1), tire son nom des Corybantes, prêtres de Cybèle, qui, ayant été constitués gardiens de Jupiter encore enfant, passaient pour ne pas dormir. Le daim dort aussi les yeux ouverts, et la peur qui le caractérise le force de se retirer dans les rochers les plus escarpés et les plus déserts.

§. XXIII. *Des yeux qui se ferment et s'ouvrent alternativement.*

Suivant Polémon et Adamantius, les yeux qui se ferment et s'ouvrent alternativement, annoncent l'homme trompeur, occupé sans cesse à dresser des embûches dont il faut se défier.

§. XXVIII. *Des yeux clignotans.*

Ceux dont les yeux clignotent sont timides. Aristote dit dans sa physiognomonie, qu'ils sont imbécilles, et il donne à la figure du timide les yeux clignotans. Suivant Polémon et Adamantius, les yeux clignotans annoncent la crainte ; ces

(1) C'était une espèce de frénésie ; ceux qui en étaient attaqués s'imaginaient avoir toujours des fantômes devant les yeux ; ils avaient des tintemens et des sifflemens continuels dans les oreilles ; ils ne dormaient point, ou, si quelquefois ils dormaient, c'était les yeux ouverts.

physionomistes dépeignent le timide avec les paupières très-mobiles. Pline dit que le clignotement des yeux est une chose naturelle à plusieurs individus. Quant à nous, nous le regardons comme un signe de timidité, et nous l'attribuons à la débilité du cerveau ; les yeux débiles, en effet, qui ne peuvent se contenir, tremblent et clignotent souvent. Aphrodisée remarque qu'après l'acte de la copulation les yeux clignotent, et il attribue ce phénomène à la diminution de l'énergie du cerveau, déterminée par l'exercice même de la fonction importante à laquelle cet organe vient de participer.

§. XXIX. *Des yeux qui ne clignotent pas.*

Ceux dont les yeux ne clignotent pas, sont très-forts et même invincibles. Aristote dit qu'ils sont chauds, c'est-à-dire, hardis et forts. Pline rapporte que parmi les vingt couples de gladiateurs qui entrèrent dans la lice du prince Caïus, il y en avait deux dont les yeux ne clignotaient pas, même lorsqu'ils recevaient les plus grandes menaces, et que ces deux gladiateurs furent invincibles.

§. XXX. *Des yeux qui ne clignotent pas et qui se roulent sur eux-mêmes.*

Suivant Polemon et Adamantius, les yeux qui

ne clignotent pas et qui se roulent sans cesse sur eux-mêmes, annoncent l'absence totale d'esprit et une grande folie.

4°. DES SIGNES QUE PRÉSENTE LE NEZ.

Le nez peut être considéré, 1° sous le rapport de son volume et de ses dimensions, 2°. sous le rapport de sa direction, 3°. sous le rapport de sa forme.

SES VARIÉTÉS DE VOLUME ET DE DIMENSION.

§. Ier. *Nez grand.*

Suivant Polémon, le nez grand est un signe d'un bon caractère; Adamantius dit que c'est le nez le plus avantageux. Albert, d'après eux, en fait aussi du cas.

§. II. *Nez excessivement grand.*

L'homme qui a le nez d'une grandeur démesurée, critique, épilogue toutes les actions d'autrui, ne trouve rien de bien que ce qui lui appartient. Quintilien dit que le nez est le siège de l'expression, de la raillerie, du mépris et du dégoût; c'est pour cette raison qu'on appelle *nazards* ceux qui se raillent de leurs semblables; et qu'il est passé en proverbe de dire de celui qui a du jugement, *il a bon nez.* Le rhinocéros a le nez fort grand, et remarquable par une forme qui le termine, et cet animal est très-rusé : on a quelquefois pris son nez pour terme de comparaison :

Et pueri nasum rhinocerotis habent.

MARTIAL.

On trouve dans le même auteur la plaisante épigramme que voici, sur un railleur :

Nasutus sis usque licet, sis denique nasus,
Quantum noluerit ferre rogatus atlas,
Et possis ipsum tu desidere latinum :
    Non potes in nugas dicere plura meas.

Persius dit sur le même sujet :

. . . . Ride, ais, et nimis uncis,
    Naribus indulges.

On rapporte qu'Ange Politian avait le nez effroyable par sa grandeur, aussi avait-il reçu en partage un esprit pointilleux, piquant et envieux; il avait coutume de se railler de toutes les actions des autres, n'approuvait que les siennes, et ne pouvait souffrir que personne les censurât.

§. III. Nez très-petit.

Celui qui a le nez fort petit, dit Polémon, est inconstant dans ses opinions; Adamantius ajoute qu'il est enclin au vol. Selon l'opinion d'Albert le petit nez appartient aux ames serviles, aux larrons, à ceux qui emploient mille détours dans leur maniere d'agir : il nous paraît que celui qui a un très-petit nez tient du naturel des femmes.

§. IV. *Nez gros.*

Polémon et Adamantius donnent le nez gros à la figure de l'homme impudent.

§ V. *Nez long.*

Aristote s'adressant à Alexandre dit que celui qui a le nez long et étendu vers la bouche est homme de bien et audacieux. On lit dans Suétone que l'Empereur Auguste avait le haut du nez saillant et le bout un peu déprimé ; et on sait qu'il était doué de bonnes mœurs et notamment d'une grande prudence. Cublaien, Empereur des Scythes, avait le nez long ; il s'est fait admirer par son grand courage dans les combats, sa libéralité et sa bonté.

§. VI. *Nez large à sa partie moyenne.*

Aristote dit à Alexandre que le nez large sur le milieu désigne l'homme menteur et grand babillard.

§. VII. *Nez large et gros à son extrémité.*

Selon le sentiment d'Aristote dans sa physiognomonie, celui qui a le nez large et gros à son extrémité est naturellement lâche et paresseux, et tient du caractère du bœuf, dont on connaît la paresse et la lâcheté. Polémon et Adamantius donnent le nez gros et large à son extrémité à la figure de l'homme sans honte.

§. VIII. *Nez large à sa racine.*

Ceux qui ont le nez large à sa racine, semblable au grouin du cochon, sont dépourvus de sens; c'est le sentiment d'Aristote dans sa physiognomonie. Albert a dit, d'après cet auteur, que le nez large à sa racine dénote l'homme immonde et sale.

§. IX. *Nez médiocrement long et large.*

Aristote écrivant à Alexandre, dit qu'un nez d'une excellente forme est celui qui est médiocrement long et large, et dont les narines sont peu ouvertes.

SES VARIÉTÉS DE DIRECTION.

§. X. *Nez droit.*

L'homme qui a le nez droit, disent Polémon et

Adamantius, est un grand babillard qui ne peut commander à sa langue, et tient du naturel des femmes. Suivant Albert, lorsque le nez forme une ligne droite, qui, partant du front, vient aboutir à son extrémité, c'est un signe que l'homme à qui il appartient est un grand babillard.

§. XI. *Nez oblique.*

Selon Polémon et Adamantius, l'homme qui a le nez tors, a l'esprit en partie de travers, et n'ayant pas l'ame droite, il n'agit pas rondement.

SES VARIÉTÉS DE FORME.

§. XII. *Nez aquilin.*

Aristote dit dans sa physiognomonie que, lorsque le nez est aquilin, ou semblable à celui des aigles, qui ont le nez aquilin, c'est-à-dire courbé sur le dos, sa racine ne participant pas du tout à cette courbure, c'est un signe que l'homme est plein d'énergie et de courage; Polémon et Adamantius sont du sentiment d'Aristote. Albert, fondé sur Loxus, donne également le nez acquilin à l'homme de cœur.

L'aigle étant le roi des oiseaux, le nez aquilin semble porter en soi quelque chose de majestueux, voilà pourquoi on juge qu'il annonce l'ame et la

magnificence royales. Les Perses faisaient si grand
cas de ceux qui avaient le nez aquilin, que c'é-
tait chez eux une condition essentielle pour être
élevé à la dignité royale; aussi avaient-ils la plus
grande vénération pour leur roi Cyrus qui, selon
le témoignage de Xénophon et de Plutarque,
avait le nez de cette forme; tel était aussi le
nez du grand Artaxerxes, autre roi des Perses, un
des descendans de Cyrus, et célèbre comme lui
par sa valeur et sa grandeur d'ame. On lit dans
Justin que Demetrius, fils du roi de Syrie, était
surnommé Grypus parce que les Grecs appelaient
ainsi ceux qui avaient le nez aquilin. Dares le
Phrygien écrit que Pyrrhus, fils d'Achille, l'avait
de cette forme; Sergius Galba avait le nez cro-
chu, d'après le témoignage de Suétone, et cet historien en parle comme d'un prince magnanime
et libéral.

Platon rapporte dans son Enthyphron que Mi-
letus Pittheus, qui se comporta avec une générosité admirable dans une accusation où il avait été
compromis, avait le nez aquilin et élevé en bosse
sur le milieu. On peut en dire autant de Mahomet
second, Empereur des Turcs, d'Ismaël Sophy, roi
des Perses, de Sélim, fils de Bajazet, de Soliman,
fils de Sélim, tous célèbres par leur courage,
leurs actions héroïques et leur libéralité.

§. XIII. *Nez courbé dès sa racine.*

Suivant Aristote, dans sa physiognomonie, l'homme est impudent, et ressemble aux corbeaux, dès que son nez commence à se courber dès sa racine ; notre opinion est que les hommes dont le nez ressemble à celui du corbeau, sont comme eux adonnés à la rapine ; on sait que ceux que nous apprivoisons ont coutume de prendre et de cacher dans des trous, sous des pierres, des clefs, des pièces d'argent, des couteaux et autres ustensiles domestiques.

§. XIV. *Nez enfoncé à sa racine et convexe au dos.*

Ceux dont le nez est convexe au dos, et enfoncé à sa racine, ce qui rend le front saillant, sont, comme dit Aristote dans sa physiognomonie, enclins à la luxure et tiennent du naturel des coqs.

§. XV. *Nez effilé.*

Ceux qui ont le nez effilé ont l'esprit léger, mobile, inconstant, et ressemblent par-là aux oiseaux qui ont le bec grêle et menu ; c'est l'opinion d'Aristote dans sa physiognomonie. Polémon et Adamantius disent d'après lui, que ceux dont le nez ressemble au bec pointu de certains oiseaux, en ont aussi les mœurs. Suivant Rhasès ils sont inconstans et facétieux ; Albert adopte le sentiment de Polémon et d'Adamantius.

§. XVI. *Nez aigu seulement à son extrémité.*

Aristote écrit à Alexandre que l'homme dont le nez se termine en pointe aiguë , est enclin au courroux ; il ajoute dans sa physiognomonie , qu'il tient du naturel des chiens. Or , on sait que le propre des chiens est d'entrer facilement en courroux ; Polémon et Adamantius sont du même sentiment ; c'est aussi celui d'Albert et de Rhasès.

§. XVII. *Nez rond.*

On lit dans la physiognomonie d'Aristote, que ceux qui ont le nez rond sont de grand cœur et tiennent du naturel des lions. Polémon et Adamantius disent qu'ils sont forts et courageux , et qu'ils tiennent des mœurs des lions et des dogues.

§. XVIII. *Nez camus.*

Aristote dit dans sa physiognomonie , que l'homme qui a le nez camus est adonné à la luxure et tient du naturel des cerfs , lesquels sont tellement luxurieux , qu'au temps du rut ils entrent dans une espèce de folie. Suivant Polémon et Adamantius le nez camus annonce l'homme adonné aux filles de joie ; Polémon dit dans un autre endroit que ceux qui ont le nez court et camus , sont larrons et lascifs, et qu'ils ressemblent aux cerfs et aux singes ; Albert , d'après Loxus , donne aussi un nez camus aux impudiques : il en est de même de Rhasès.

Platon rapporte dans son *Thæetetus*, et Ammonius après lui, que Socrate avait le nez camus ; Polémon parlant de ses mœurs, dit qu'il était luxurieux ; Plaute dans sa comédie intitulée *Rudens* , dépeint son *Labrex* , auquel il fait représenter un honteux personnage, avec la tête chauve sur le devant et le nez camard. Ruellius Gallus avait aussi un nez de cette forme et il était lascif ; plusieurs historiens pensent qu'Horatius Coclès fut ainsi nommé non pas parce qu'il avait perdu l'œil à la guerre , mais parce que son nez était tellement déprimé qu'il n'y avait pour ainsi dire aucune ligne de démarcation entre les yeux et les sourcils , et que ceux-ci se réunissaient l'un à l'autre.

§. XIX. *Nez dont les narines sont très-dilatées.*

Aristote dit dans physiognomonie , que ceux qui ont les narines très-dilatées , sont sujets aux transports de colère, et qu'ils ont aussi les autres signes qui dénotent cette passion. Suivant Polémon , ceux qui ont les narines dilatées sont rustiques , opiniâtres , puissans et tiennent du naturel des taureaux et des lions.

§. XX. *Nez dont les narines sont étroites.*

Les narines étroites annoncent l'homme dépourvu de bon sens, suivant l'opinion de Polémon et d'Adamantius ; Albert est du même sentiment, et il ajoute qu'elles indiquent aussi un
odorat obtus.

5°. DES SIGNES QUI SE TIRENT DES JOUES.

§. Ier. *Joues charnues.*

Polémon et Adamantius disent que les joues
charnues dénotent la lâcheté et l'ivrognerie, et
ils donnent de semblables joues à la figure de
l'homme imbécille.

§. II. *Des joues maigres.*

Selon Polémon, l'homme qui a les joues maigres est plein de ruses et de malice ; Adamantius
dit qu'il est aussi rongé d'envie. Quant à nous,
nous croyons qu'il tient du naturel des chats et
des singes ; car ces animaux ont les joues petites
et grêles, et sont très-rusés.

§. III. *Des joues grosses.*

Selon le témoignage de Polémon et Adamantius, les joues grosses dénotent les envieux.

§. IV. *Des joues rondes.*

Les joues rondes désignent, suivant les mêmes auteurs, l'homme trompeur et plein de fraudes.

§. V. *Des joues un peu longues.*

Les mêmes auteurs disent que l'homme dont les joues sont peu longues est un conteur de sornettes, et un grand babillard.

§. VI. *Des joues rouges.*

On lit dans la physiognomonie d'Aristote que ceux qui ont les joues très-rouges sont adonnés à l'ivrognerié, et ce signe convient à ce vice, car les joues de ceux qui ont coutume de s'enivrer sont excessivement rouges : Polémon est du sentiment d'Aristote. Loxus dit qu'il a connu un homme qui avait le nez et les joues de couleur de sang, et qu'il était adonné à toutes sortes de vices, tels que la lubricité, l'ivrognerie, et la cruauté; Suétone rapporte que l'Empereur Vitellus avait le visage rubicond et qu'il avait l'habitude de s'enivrer; Plutarque dit la même chose d'Alexandre, roi de Macédoine.

§. VII. *Des joues velues.*

Nous regardons ceux qui ont les joues velues comme stupides et ressemblant aux bêtes sauvages.

Nous avons connu plusieurs personnes qui avaient les joues hérissées de poils et qui approchaient du naturel des cochons qui, entre plusieurs autres animaux, ont les joues extrêmement velues. Cicéron, en reprochant à Pison ses mœurs honteuses et perverses, lui dit : *non pilosæ genæ deceperunt me, nec vultus totus.*

6°. Des signes qui se tirent de la bouche.

Nous donnons, avec les anatomistes, le nom de bouche à la cavité située au dessous du nez, et des fosses nasales, au dessus du menton et entre les deux joues.

Cette cavité peut être considérée, 1°. sous le rapport des lèvres qui la bornent en avant; 2°. sous le rapport de son ouverture, à laquelle le vulgaire a spécialement donné le nom de bouche; 3°. sous le rapport des dents et de la langue qu'elle contient; mais la langue ne présentant pas de différences sensibles dans son aspect extérieur, et n'intéressant le physionomiste que relativement à son influence sur la parole, nous renvoyons ce que nous avons à en dire à l'article où nous considérons les actions qui émanent des fonctions de la respiration, telles que les différentes modifications de la voix, de la parole, le soupir, le ris, etc. Nous nous bornons donc ici à considérer les lèvres, l'ouverture de la bouche et les dents.

A. Des lèvres.

§. Ier. *Lèvres épaisses.*

Aristote écrivant à Alexandre dit que les lèvres épaisses sont un signe de folie; suivant Polémon elles dénotent l'homme insensé. On lit dans Conciliator que ceux qui ont les lèvres épaisses sont fous et hébêtés.

Les lèvres épaisses sont sur-tout un signe de folie et d'imbécillité, lorsque la supérieure est plus épaisse que l'inférieure; les hommes qui les ont telles ressemblent aux ânes et aux singes, du naturel desquels ils tiennent. C'est le sentiment des auteurs que nous venons de nommer.

§. II. *Lèvres épaisses à leur partie moyenne.*

Les lèvres enflées à leur partie moyenne dénotent, selon Polémon, l'homme impudique.

§. III. *Lèvres minces en juste rapport l'une avec l'autre, et bouche grande.*

Les lèvres minces, déliées, bien proportionnées l'une à l'autre, et la bouche grande, annoncent l'homme de grand cœur et tenant du caractère du lion, du limier et du dogue. Cette opinion, qui est celle d'Aristote, est confirmée par Polémon et Adamantius, Albert et Conciliator. Apollodore et plusieurs autres auteurs rapportent que le peuple de Carie immolait au dieu Mars des chiens à cause de leur force. Pausanias dit dans son histoire de Sparte que les Lacédémoniens, avant d'aller au combat, sacrifiaient ces mêmes animaux, comme emblême de la force, à Mars Euyalus.

§. IV. *Lèvres minces avec une bouche petite.*

Quand les lèvres petites, minces, déliées, sont jointes à une bouche petite, elles dénotent l'homme craintif, impuissant et trompeur, et tenant du naturel des chats ou des femmes, qui ont de semblables lèvres et les mêmes mœurs.

§. V. *Lèvres déliées et présentant latéralement une saillie déterminée par les dents canines, la supérieure réfléchie, en haut, à sa partie moyenne.*

Ceux qui ont les lèvres de cette forme, dit Aristote, méprisent l'honneur, ont l'ame basse et tiennent du naturel des cochons.

§ VI. *Lèvres supérieures relevées, et laissant les gencives à découvert.*

Aristote dit dans sa physiognomonie que ceux

qui ont la lèvre supérieure relevée et les gencives à découvert sont enclins aux paroles outrageantes et à la médisance, et qu'ils tiennent du naturel des chiens. Le même auteur donne la lèvre supérieure fort élevée à la figure de l'injurieux. Polémon et Adamantius sont du sentiment d'Aristote.

§ VII. *Lèvre supérieure plus saillante que l'inférieure.*

Suivant Adamantius, celui dont la lèvre supérieure est plus saillante que l'inférieure est fort prudent. Si on peut le comparer à un animal, c'est avec le bœuf sauvage, qui naît au delà des Alpes, et dont parle Solius d'après Pline; cet animal a la lèvre supérieure si saillante qu'il ne peut paître qu'en marchant en arrière. Pausanias dit qu'il est doué d'un bon odorat et qu'à l'odeur de l'homme qu'il sent de fort loin, il se cache dans des fosses ou cavernes très-profondes.

Esope avait la lèvre supérieure très-saillante, très-enflée, et il se distingua par une grande prudence.

§. VIII. *Lèvre inférieure plus saillante que la supérieure.*

L'homme dont la lèvre inférieure est plus saillante que la supérieure, est imprudent. Polémon et Adamantius disent qu'il roule une foule de choses vaines dans son esprit, et s'arrête à des pensées grossières.

§. IX. *Lèvre inférieure pendante.*

Suivant Albert, lorsque la lèvre inférieure est pendante, c'est un signe de paresse et de lâcheté; c'est ce qu'on voit arriver aux bœufs, aux ânes et aux chevaux qui commencent à vieillir.

B. DE L'OUVERTURE DE LA BOUCHE OU DE LA BOUCHE PRISE DANS LE SENS VULGAIRE.

§. Ier. *Bouche grande.*

Aristote écrit à Alexandre que l'homme qui a la bouche grande est audacieux et bon guerrier; Polémon et Adamantius disent que la bouche grande sied bien aux hommes, qu'elle annonce leur nature mâle et généreuse; Albert ajoute qu'elle convient aussi aux femmes viriles et courageuses.

§. II. *Bouche très-fendue.*

Suivant l'opinion de Polémon, l'homme dont la bouche est extrêmement fendue a l'esprit très-lourd et ressemble aux béliers; Adamantius dit qu'il est gourmand et insensé, et qu'il tient du naturel des chiens. Albert assure qu'il est gourmand; quant à nous, nous croyons que l'homme qui a la bouche démésurément fendue ressemble plutôt aux loups qu'aux chiens, et qu'il tient de leur naturel; car on sait que les loups ont la gueule extrêmement fendue, et qu'ils sont d'une gloutonnerie et d'une voracité surprenante; on observe que tous les animaux carnassiers ont la gueule très-fendue; il semble que la nature la leur ait donnée telle afin qu'ils puissent mieux dévorer; le loup marin l'a sur-tout très fendue et il est extrêmement gourmand et vorace; le poisson qu'on appelle *lamie* a aussi la gueule très-fendue et il dévore des cadavres en entier. Nous avons connu plusieurs personnes dont la bouche était démésurément fendue et qui avaient l'esprit lourd et le caractère aussi gourmand que des loups.

§. III. *Bouche petite.*

L'homme qui a la bouche petite est efféminé, comme le remarquent Polémon et Adamantius, parce que la bouche petite est celle qui convient aux femmes. Albert la donne tant aux femmes qu'aux hommes efféminés. Dares le Phrygien rapporte qu'Hélène avait la bouche petite.

§. IV. *Bouche saillante.*

Suivant Adamantius, la bouche saillante dénote l'homme fou, grand babillard et audacieux; mais le texte de Polémon est défectueux ; Albert adopte l'opinion d'Adamantius.

Lorsque la bouche est saillante et qu'en même temps leslèvres sont grosses et arrondies, Polémon et Adamantius disent que l'homme approche des mœurs du cochon ; Albert dit, d'après ces auteurs, que la bouche saillante et les lèvres épaisses réfléchies en dehors dénotent l'homme immonde et sale, n'ayant d'autre soin que celui de son ventre et d'un esprit timbré.

§. V. *Bouche déprimée.*

La bouche déprimée en dedans ou cave, selon l'opinion de Polémon et d'Adamantius, annonce l'homme envieux, plein de crime et adonné à l'intempérance ; Albert écrit, d'après Aristote, que la bouche cave est un signe de lubricité ; telle était celle de Socrate.

§. VI. *Bouche basse.*

Adamantius dit que la bouche basse est un signe de timidité et d'inconstance ; mais le texte de Polémon est défectueux et doit être corrigé sur celui d'Adamantius.

§. VII. *Bouche béante.*

La bouche béante est un signe de folie, et ce

signe a rapport tant aux mœurs qu'à la mine ridicule que présente l'homme las , qui a la bouche ouverte. On voit beaucoup de personnes qui ont constamment la bouche ouverte , et l'on observe qu'elles sont folles et stupides. Aristophane regardait comme fous ceux qui avaient la bouche béante.

C. Des Dents.

On lit dans le livre des problêmes d'Aristote que les dents peuvent servir au pronostic de la vie; elles présentent aussi quelqu'intérêt au physionomiste; on les distingue en incisives, en canines et en molaires. Les incisives, au nombre de quatre à chaque mâchoire, sont implantées dans leur partie antérieure ou moyenne; les canines qui les suivent sont au nombre de deux à chaque mâchoire, et les molaires qui viennent après les canines, et appartiennent par conséquent à la partie la plus reculée des arcades alvéolaires, sont au nombre de dix pour chaque mâchoire. Mais le physionomiste n'a pas besoin de s'astreindre à cette division : aussi n'y aurons-nous pas égard dans le petit nombre de considérations dont nous allons nous occuper.

§. Ier. *Dents claires.*

Ceux qui ont les dents claires sont , d'après l'opinion d'Aristote, de courte vie; Pline regarde aussi les dents claires et non serrées comme un signe de la brièveté de la vie; Rhasès dit que l'homme dont les dents sont claires, non pressées, débiles et menues, a aussi le corps faible; Conciliator est du même sentiment. Quoique César eût les dents claires et non serrées il ne laissait pas de les avoir fortes et fermes, comme le rapporte Suétone, et il fut tué à l'âge de 57 ans. Telles étaient aussi les dents de l'Empereur Auguste, qui mourut à l'âge de 76 ans.

§. II. *Des dents grandes, fermes et épaisses.*

Les dents grandes, fermes et épaisses, sont un signe de longue vie, par opposition avec le signe précédent. Scot dit que les dents fortes et épaisses dénotent que l'homme est de longue vie, grand mangeur, audacieux, fort, et qu'il tient du naturel du cheval. On lit dans les écrits d'Ion de Chio que le grand Hercule avait trois rangées de dents.

§. III. *Dents continues.*

Ceux qui ont les dents continues ou soudées ensemble, tiennent du naturel des brebis, des daims et des chèvres; on lit dans Plutarque que Pyrrhus, roi d'Epire, avait les dents tellement soudées qu'elles ne semblaient consister qu'en un seul os présentant seulement des traces superficielles qui en indiquaient la séparation.

§. IV. *Dents longues, aiguës et fortes.*

Scot dit que l'homme qui a les dents longues, aiguës et fortes est envieux, gourmand, audacieux, frauduleux, infidèle et rempli de soupçon. Nous croyons qu'il peut être comparé au serpent. Telles étaient les dents de Christiernus, roi des Daces, homme cruel, barbare, et sanguinaire.

§. V. *Dents irrégulières.*

Les dents irrégulières soit dans leur grandeur, soit dans leur situation réciproque, soit dans leur forme, dénotent l'homme prudent et bien avisé, ingénieux, audacieux, et envieux.

§. VI. *Dents canines longues, solides et sortant hors de la bouche.*

Selon l'opinion de Rhasès celui qui a les dents canines longues, solides et sortant hors de la bouche est gourmand, insatiable et méchant. Conciliator dit, d'après Rhasès, que des dents canines de cette sorte dénotent l'homme goulu, sans satiété et ressemblant au cochon et au chien. Aristote remarque que le cheval marin, le sanglier et le cheval domestique ont les dents canines, et éminentes au dehors des lèvres.

7°. DES SIGNES QUI SE TIRENT DU MENTON.

§. I. *Menton petit.*

Polémon pense que l'homme qui a le menton petit, est très-méchant, et qu'il faut s'en défier. Adamantius ajoute qu'il est cruel, et qu'il ressemble aux serpens ; Albert dit, d'après ces auteurs, que l'homme qui a le menton petit et rond est cruel et envieux, et qu'il tient du naturel des serpens. Suivant Conciliator, il est enclin au courroux et à l'envie.

§. II. *Menton long.*

Ceux qui ont le menton long sont, suivant Polémon, faux et babillards ; Adamantius dit qu'ils ne sont pas faux, mais grands causeurs et douillets. Le premier de ces auteurs donne le menton long à la figure du causeur, et Adamantius le donne à la figure du fou méchant; Conciliator prétend que l'homme qui a le menton long est trompeur; nous croyons plutôt qu'il approche des mœurs des femmes, lesquelles sont babillardes et douillettes.

§. III. *Menton fourchu.*

On lit dans Polémon et Adamantius que le menton fourchu, c'est-à-dire, se terminant en deux petites éminences séparées par une échancrure, dénote un caractère trompeur ; suivant les mêmes auteurs, lorsque l'échancrure qui sépare les deux éminences est médiocre, c'est un signe que l'homme est gracieux et enclin aux plaisirs sensuels ; Albert, sans avoir égard à la profondeur de cette échancrure, dit que l'homme qui a le menton fourchu aime les femmes, et excite quelquefois des querelles et des discordes.

§. VI. *Menton carré.*

Suivant Adamantius, le menton carré dénote l'homme d'un cœur mâle ; Conciliator et Albert sont du même sentiment.

§. V. *Menton rond et sans barbe.*

Le menton rond par opposition au menton carré annonce l'homme efféminé, sur-tout lorsqu'il est sans barbe ; c'est le sentiment de Polémon et d'Adamantius ; c'est aussi celui qu'adoptent Albert et Conciliator, d'après Pithagore ; les hommes sans barbe, disent ces auteurs, ressemblent aux femmes ou aux eunuques. On lit dans Polémon que les eunuques ont des mœurs très-mauvaises, le cœur dur, qu'ils sont trompeurs et criminels. Platon dans son Enthyphron, dit que Miletus-Pittheus son accusateur avait la barbe claire.

§. VI. *Menton garni d'une barbe épaisse.*

Ceux qui ont la barbe épaisse sont courageux et forts, et tiennent du naturel des lions : Aristote dit, dans ses problêmes, que la nature a donné la barbe à l'homme, pour remplacer la crinière dont elle a pourvu les chevaux et les lions ; le même auteur, et après lui Polémon et Adamantius, dépeignent l'homme enclin au courroux avec une barbe épaisse ; telle était celle du vaillant Hector, comme le rapporte Dares le Phrygien ; et on lit dans Sidonius-Apollinaire, écrivant à Faustus, que Diogène avait la barbe longue et bien touffue.

§. VII. *Des femmes qui ont de la barbe.*

Les femmes qui ont de la barbe sont remarquables par des mœurs très-mauvaises. Michel Scot dit qu'elles sont luxurieuses, naturellement fortes, d'une complexion virile, et d'un tempérament sanguin.

§. **VIII.** *Des femmes qui n'ont pas de barbe.*

Selon l'opinion de Scot, les femmes qui n'ont pas de barbe sont d'un bon naturel, chastes, pleines de pudeur, douces, obéissantes et souples.

———

SECONDE PARTIE.

DES SIGNES QUI SE TIRENT DU TRONC.

PREMIERE SECTION.

DES SIGNES QUE PRÉSENTE LE COU.

LE cou est borné en haut, par la tête qu'il soutient, et en bas, par la partie supérieure de la poitrine.

Nous divisons les signes qui se tirent du cou, 1°. en ceux qui ont rapport à cette région considérée d'une manière générale, 2°. en ceux qui se tirent de la partie antérieure à laquelle on a donné le nom de gorge, 3°. en ceux qui appartiennent à la nuque, ou à sa partie postérieure.

CHAPITRE PREMIER.

DU COU CONSIDÉRÉ GÉNÉRALEMENT.

§. I. *Cou gros.*

Ceux qui ont le cou gros ont le naturel mâle, et sont courageux; mais Aristote dans sa physiognomonie ne donne pas ces qualités au cou dans lequel la graisse prédomine, mais à celui dans lequel les autres parties, telles que les os, les muscles, etc. sont bien développées.

§. II. *Cou gros et musculeux.*

On lit dans Aristote, que le cou gros et musculeux dénote l'homme enclin au courroux, et tenant du naturel des taureaux; Polémon et Adamantius donnent ce caractère au cou gros et long; Albert confond ce signe avec le précédent, et dit que le cou gros, d'une certaine longueur, est un signe de courage; on sait que le taureau irrité frappe des cornes avec une telle impétuosité, se livre avec tant de feu aux emportemens d'une fureur affreuse, que celui même qui a le plus d'empire sur lui, le bouvier, ne peut l'arrêter. Ælianus rapporte, d'après Oppianus, dans son traité de la chasse, que les bœufs sauvages, appelés Bristons, ont le cou horriblement gros et gras, qu'ils sont fort habiles au carnage, et que dès qu'ils atteignent, de leurs cornes, un homme ou quelque bête sauvage, ils le lancent dans les airs.

§. III. *Cou gras.*

Aristote écrit à Alexandre que l'homme qui a le cou gras est lourd, grand mangeur et ressemble au cochon; cet animal est en effet gourmand, grossier et il a le cou gras. Adamantius dit que ceux qui ont le cou gras sont irascibles, grossiers, indociles, et tiennent du naturel du cochon ; le texte de Polémon sur ce signe paraît avoir été détruit par le temps ; mais ces deux derniers auteurs donnent à la figure de l'homme grossier un cou gras et court. Albert prétend que le cou trop vaste, ou trop large, indique un caractère irascible, un esprit grossier et indocile, comme celui du cochon. Nous appelons ordinairement cochon l'homme sale, immodeste, impudent et qui se livre avec excès à l'intempérance.

§. IV. *Cou grêle.*

Ceux qui ont le cou grêle sont faibles et tiennent du naturel des femmes. Aristote donne ce signe, dans sa physiognomonie, par opposition au cou gros, auquel il attribue la force. Dares rapporte que Polyxène avait le cou grêle et l'ame simple:

§. V. *Cou grêle et long.*

Aristote écrit à Alexandre que ceux qui ont le cou grêle et long sont babillards et stupides; il les compare à certains oiseaux remarquables par leurs caquets, leur vanité et leur mobilité; et dans sa physiognomonie il dit que le cou grêle et long dénote l'homme timide, et il le compare au cerf;

suivant Polémon et Adamantius, il annonce l'homme timide et de mauvaises mœurs : ces mêmes auteurs donnent le cou fort long à la figure du timide. Rhasès et Conciliator, d'après l'opinion d'Albert, disent que le cou long et grêle est un caractère de l'homme timide, babillard et stupide. Suétone rapporte que Caligula avait le cou et les jambes très-grêles : aussi était-il très-craintif et vicieux.

§. VI. *Cou d'une grosseur et d'une longueur médiocre.*

Ceux qui ont le cou médiocre en grosseur et en longueur sont doués de beaucoup de grandeur d'ame et ressemblent aux lions ; Aristote, dans la descripition qu'il donne du lion, dit qu'il a le cou d'une grosseur et d'une longueur médiocre ; suivant Polémon et Adamantius un semblable cou dénote l'homme fort, docile et propre aux sciences. Galien dit dans son art de la médecine que le cou, par cela même qu'il prend immédiatement son origine du cerveau, est un mauvais signe, lorsqu'il est grêle et mal constitué, et un très-bon signe lorsqu'il est gros et bien constitué ; suivant Conciliator le cou médiocrement charnu et d'une certaine longueur dénote l'homme fort et courageux.

§. VII. *Cou fort court.*

Aristote dit en s'adressant à Alexandre que l'homme qui a le cou fort court est médisant, rusé et trompeur ; et dans sa physiognomonie, il dit qu'il est sans cesse occupé à tendre des piéges et tient du naturel du loup. On lit dans Rhasès que ceux qui ont le cou fort court sont rusés et ingénieux ; Conciliator est de la même opinion. Albert, confondant tout, se contredit lui-même. Suivant Polémon, ceux qui ont le cou solide, court, et se fléchissant avec peine, sont enclins au larcin et ressemblent au loup. Ælianus donne au loup un cou si court et si resserré qu'il ne peut le fléchir et le tourner en arrière, et que lorsqu'il veut regarder derrière lui, il est forcé de tourner tout son corps. Le veau marin qui a le cou gros et court, est carnivore et très-vorace ; Aristote rapporte qu'il y a un genre d'éperviers dont le cou est très-court, et qui est remarquable par une grande voracité. On lit dans Pline et dans Solinus que l'hyène a le cou si court et si roide qu'elle ne peut le tourner sans mouvoir tout son corps : or, cet animal est très-vorace, très-rusé et appartient au genre des loups ; le tigre, comme le remarque Aristote, a aussi le cou fort court.

§. VIII. *Cou dont les muscles sont tendus.*

Le cou dont les muscles sont tendus est un signe de méchanceté, et même, si les autres caractères se rencontrent, d'imbécillité ; Polémon et Adamantius disent que le cou dont les muscles sont saillans, annonce l'homme inepte et indocile, et si ce signe se joint aux autres, l'homme insensé. Albert et Conciliator sont du même sentiment.

§. IX. *Cou dur.*

Le cou dur indique l'homme grossier ; Albert dit, d'après Polémon et Adamantius, que le cou dur est un signe d'indocilité. Les ignorans sont vulgairement appelés des hommes au cou dur.

§. X. *Cou mou.*

Le cou mou dénote l'homme ignorant ; c'est l'opinion de Polémon.

§. XI. *Cou rude et gras.*

On lit dans le même auteur que le cou rude et gras et de bonne complexion dénote l'homme craintif.

§. XII. *Cou roide et immobile.*

Selon Polémon, le cou ferme et immobile est un signe de mauvaises mœurs ; selon Adamantius il dénote l'homme ignorant, opiniâtre et grossier ; dans un autre endroit, le même auteur dit que l'immobilité du cou est due à la démence ; mais Polémon dit qu'elle annonce l'imbécillité, s'il s'y joint d'autres signes. Le cou roide et comme immobile dénote l'homme ignorant et insolent ; s'il est roide et mobile c'est un signe de folie. On en voit qui par affectation étendent et roidissent leur cou, et qui un instant après, le remuent en tous sens et mettent leur folie au grand jour. Fabius dit que le cou roide et fort dur, annonce quelque chose de sauvage dans l'esprit ; on remarque que les animaux dont le cou est ferme et immobile sont sauvages, insidieux, et voraces ; tel est le cou de l'hyène qui ne peut le tourner, sans tourner tout son corps ; tel est aussi le cou du loup et celui du lion : Ambroise remarque que les cochons ont aussi le cou ferme et qu'ils ne peuvent le tourner.

§. XIII. *Cou très-flexible, très-libre dans ses mouvemens.*

Ce signe est le contraire du précédent. Or, puisque le cou ferme et immobile dénote l'homme opiniâtre et grossier, le cou très-flexible, très-libre dans ses mouvemens, appartient à l'homme douillet et efféminé. Polémon et Adamantius disent qu'il est impudique, et ils dépeignent l'homme efféminé avec le cou très-délié; tel était, suivant Plutarque, le cou d'Alcibiade.

§. XIV. *Cou droit.*

L'homme qui a le cou droit ou dirigé verticalement, à moins qu'il ne le tienne ainsi par affectation, est injurieux, insensé, et fou. Albert dit, d'après Polémon et Adamantius, que le cou trop droit est un signe d'indocilité, d'insolence et d'obstination; suivant Fabius, c'est un signe d'arrogance.

§. XV. *Cou incliné en avant.*

Le cou incliné en avant est un signe de folie; il peut aussi indiquer l'homme curieux, intéressé, pervers, efféminé et dont l'ame est remplie de détours : c'est le sentiment de Polémon et d'Adamantius. Suivant Albert, le cou incliné en avant est un signe de docilité; le même auteur dit que le cou incliné et comme fixé sur la poitrine, dénote ordinairement l'homme occupé de diverses pensées, quelquefois l'homme avare, quelquefois le malicieux; c'est pourquoi il faut toujours rassembler plusieurs signes ; car il est certain qu'un seul ne fournit aucune donnée. Conciliator dit la même chose d'après Albert. Aratus avait le cou penché en avant ; Zeusippus, lorsqu'il paraissait soit dans les académies d'Athènes, soit dans les prytanées, avait toujours le cou incliné en avant, comme Apollinus l'écrit à Faustus.

§. XVI. *Du cou incliné du côté droit.*

On lit dans Polémon et Adamantius, que le cou incliné à droite dénote l'homme doué de pudeur, et de zèle pour l'étude. Plutarque, dans la vie d'Alexandre de Macédoine, rapporte qu'il penchait un peu son cou à droite.

§. XVII. *Cou incliné du côté gauche.*

Le cou incliné du côté gauche est un signe d'adultère et d'impudicité : c'est le sentiment de Polémon et d'Adamantius ; Albert dit qu'il dénote l'homme fou et impudique. Aristote écrit à Alexandre que le cou penché du côté gauche annonce l'homme impudique, et il le compare aux chiens.

§. XVIII. *Cou très-veineux.*

Le cou dont les veines sont très-développées annonce un homme dangereux dans sa colère, ce qui est le propre de cette passion, car dans la colère on voit constamment les veines du cou se gonfler; c'est l'opinion que donne Aristote dans sa physiognomonie ; c'est aussi celle de Polémon et d'Adamantius.

CHAPITRE II.

DE LA GORGE OU DE LA PARTIE ANTÉRIEURE DU COU.

§. I. *La gorge rude.*

La gorge rude dénote l'homme d'un esprit léger, jouissant à un haut dégré des facultés réproductrices, arrogant et grand causeur ; Adamantius ne dit rien de la seconde de ces qualités, c'est-à-dire de celle qui a rapport à la vertu prolifique. Albert dit que la gorge rude est un signe de légèreté d'esprit et de beaucoup de babil ; c'est le propre de certains oiseaux. Conciliator dit la même chose.

§. II. *Nœud de la gorge saillant.*

Lorsque le nœud de la gorge est saillant il dénote, suivant Polémon, l'homme sage et qui n'a pas une mauvaise langue. Adamantius dit que le nœud de la gorge saillant annonce l'homme d'un esprit vain à la vérité, mais dont la langue n'est pas arrogante; il ajoute qu'il médite de grandes choses dans son ame, qu'il aime à boire, qu'il se plaint sans cesse, qu'il est ennuyeux, parasite et défiant. Suivant Albert, le nœud de la gorge saillant indique l'homme vain et léger, qui cependant n'est ni hardi, ni malfaisant, mais triste et défiant. Conciliator en dit autant. Dans les statues et les médailles qui représentent Jules-Cesar, on remarque que le nœud de la gorge est très-apparent.

CHAPITRE III.

DE LA NUQUE.

§. I. *La nuque grosse.*

Selon Polémon, la nuque grosse est un caractère de l'homme ignorant et injurieux. Claudius César avait le chignon du cou gros et gras, et était très-ignorant. Antonia, sa mère, disait que c'était un moustre qui n'avait été qu'ébauché par la nature et lorsqu'elle reprochait à quelqu'un sa balourdise, elle le comparait à son fils; Suétone rapporte que Néron avait aussi la nuque grosse et épaisse.

§. II. *Nuque rude.*

Ceux qui ont les vertèbres du cou rudes ont les mœurs âpres ; Adamantius dit qu'ils sont injurieux ; et Polémon donne à la figure de l'injurieux les vertèbres du cou saillantes. Suivant Albert, lorsque quelques unes des vertèbres du cou font saillie, tandis que les autres n'en font aucune, de manière que la nuque présente une forme irrégulière, c'est un signe d'orgueil et d'insolence.

§. III. *De la rondeur de la nuque et du cou.*

Polémon et Adamantius donnent à la figure du fat méchant le cou et la nuque arrondis, mais c'est à tort : Albert dit que le cou et la nuque de cette forme dénotent l'énergie de l'esprit et du corps.

§. IV. *Nuque couverte de poils.*

Aristote dit dans sa physiognomonie que ceux qui ont la partie postérieure du cou couverte de poils, sont généreux et ressemblent aux lions. Adamantius dit, d'après Aristote, que c'est un signe de force et de grand cœur.

SECTION II.

—

Des signes qui se tirent de la Poitrine.

La poitrine ou le thorax est cette portion du tronc qui est située au dessous du cou et au dessus du bas-ventre dont elle est séparée par une cloison musculeuse connue sous le nom de diaphragme, et par le bord inférieur des dernières côtes.

Nous allons la considérer sous trois points de vue, 1°. d'une manière générale, 2°. dans les différentes parties qu'elle présente à son extérieur, 3°. dans les fonctions qui s'exécutent au moyen des organes qui la composent.

CHAPITRE PREMIER.

De la Poitrine considérée généralement.

§. I. *Poitrine grande.*

Ceux qui ont la poitrine grande sont courageux et ont le caractère mâle ; Aristote donne à la figure de l'homme fort la poitrine ample et dont les os sont plus développés que les parties molles ; le même auteur, dans la description du lion, auquel il compare l'homme dont la poitrine est ainsi constituée, dit que cet animal a la poitrine ample et robuste. Polémon et Adamantius disent, d'après Aristote, que l'on doit faire beaucoup de cas d'une poitrine grande et robuste, parce qu'elle est un signe de force , et c'est avec une semblable poitrine qu'ils dépeignent l'homme fort. Galien fait aussi l'éloge d'une ample poitrine, et il fait consister son amplitude non dans sa longueur ni dans sa largeur, mais dans sa capacité; suivant Avicenne une ample poitrine dénote un tempérament chaud. Végétius choisit pour le métier des armes les jeunes gens qui ont une longue poitrine ; les poètes dépeignent toujours Mars avec une poitrine ample et robuste , tant à cause de sa force que de son rare courage. C'est pourquoi un certain auteur a dit :

Nemo est forti pectorosior marte.

Dares le Phrygien rapporte qu'Achille , le plus fort de tous les Grecs , avait la poitrine très-grande. Mahomet II , empereur des Turcs , avait une large poitrine et des bras très-grands ; il était excellent guerrier, doué d'une force admirable, d'un courage sans égal, et il apportait une promp-

titude singulière à l'exécution de toutes ses entreprises.

§. II. *Poitrine grêle et débile.*

Suivant Polémon et Adamantius , la poitrine
grêle et débile dénote un cœur pusillanime et
fort timide ; ces mêmes auteurs donnent à la
figure de l'homme faible la poitrine délicate ;
Conciliator, d'après l'autorité d'Avicenne , regarde une semblable poitrine comme un signe d'un
tempérament froid. Albert est du sentiment de
Polémon et d'Adamantius.

§. III. *Poitrine large.*

La poitrine large , dit Aristote en s'adressant à
Alexandre , est un signe de probité , de hardiesse ,
d'une bonne intelligence et de sagesse.

§. IV. *Poitrine étroite.*

Le même auteur dit, toujours en s'adressant à
Alexandre , que la poitrine étroite dénote l'homme d'une intelligence sublime et de bon conseil.

§. V. *Poitrine charnue.*

On lit dans Polémon et Adamantius , que la
poitrine bien charnue désigne l'homme timide et
grossier ; Conciliator dit que c'est un signe d'in-

gratitude : nous ne savons où il a puisé cette opinion. Suivant Albert la poitrine couverte de beaucoup de chair dénote un esprit indocile et lâche.

§. VI. *Poitrine médiocre.*

La médiocrité de la poitrine, dit Aristote à Alexandre, est un bon signe, et on doit en faire beaucoup de cas.

§. VII. *Poitrine rougeâtre.*

Ceux dont la poitrine est d'une couleur de flamme ont une mauvaise colère, et ce signe est dû à la passion ; car on remarque que la poitrine s'enflamme chez ceux qui sont en colère. Adamantius, en parlant de la couleur du corps, dit que la poitrine rouge annonce un cœur bouillonnant de colère ; opinion qu'il a prise d'Aristote, et qu'on retrouve aussi dans Albert.

§. VIII. *Poitrine velue.*

Selon Polémon la poitrine couverte de poils épais, désigne l'homme fin dans ses conseils et d'un grand cœur ; mais Adamantius dit qu'il a l'ame double. Ceux qui sont d'un tempérament chaud et humide ont beaucoup de poils sur la poitrine et sur les autres parties du corps, car l'abondance des poils indique la force et la virilité ; aussi les organes de la génération sont chauds, humides et garnis de beaucoup de poils , lorsqu'ils ont acquis la perfection dont ils sont susceptibles ; voilà pourquoi les poils tombent chez les eunuques , lesquels perdent avec eux leur force et deviennent efféminés.

§. IX. *Poitrine non velue.*

Aristote, dans sa physiognomonie, dit que ceux dont la poitrine est très-douce au toucher et sans poil , sont sans honte et tiennent du naturel des femmes ; c'est à tort que Suessan, dans son interprétation , remplace l'expression sans honte par celle de *rudes*. Suivant Galien , la poitrine non velue indique le tempérament froid , car c'est la chaleur qui donne naissance aux poils , et c'est pour cela que les eunuques en sont dépourvus ; les corps doux au toucher sont comme resserrés par le froid. Averroës dit que la débilité du corps annonce la constitution froide du cœur et le naturel timide. Aristote dans sa physiognomonie , et après lui Polémon , donnent à l'homme enclin à la colère , la poitrine et les aines douces au toucher. Suivant Albert , la rareté des poils à la poitrine dénote la constitution froide du cœur.

§. X. *Poitrine médiocrement velue.*

Puisque la poitrine ne doit être ni trop couverte, ni entièrement dépourvue de poils, dit Aristote dans sa physiognomonie, l'état moyen entre ces deux extrémités est un très-bon signe.

§. XI. *Poitrine bossue.*

Les hommes qui sont bossus à la partie antérieure de la poitrine, ont l'ame double, et sont plus simples que sages ; c'est l'opinion de Scot.

CHAPITRE II.

DE LA POITRINE CONSIDÉRÉE DANS LES DIFFÉRENTES PARTIES QU'ELLE PRÉSENTE A SON EXTÉRIEUR.

La poitrine présente, dans la plus grande partie de sa surface extérieure, des saillies transversales, en forme d'arcs de cercles, lesquelles sont formées par les côtes ; sa partie antérieure présente en haut et sur les côtés deux autres saillies transversales formées par les clavicules, et au dessous de ces saillies, les deux mamelles ; sa partie postérieure a reçu le nom de dos, et offre aux deux côtés de la portion de la colonne vertébrale qui lui appartient, deux éminences

formées par les omoplates. De toutes ces parties,
les clavicules sont les seules dont nous ne nous
occuperons pas, parce qu'elles n'offrent, pour
ainsi dire, aucun intérêt au physionomiste ;
ainsi nous allons considérer, 1°. les côtes, 2° les
mamelles, 3°. le dos, 4°. les omoplates.

ARTICLE PREMIER.

DES CÔTES.

§. I. *Côtes fortes.*

Ceux qui ont les côtes fortes sont doués d'un
grand cœur et d'un caractère mâle. Aristote, dans
sa physiognomonie, dépeint l'homme enclin au
courroux avec les côtes fortes, et il donne à
l'homme fort non seulement les côtes bien développées, mais aussi les autres os du corps et ceux
des membres. Polémon et Adamantius, en faisant
le portrait de l'homme fort, disent qu'il a les articulations et les côtés très-robustes ; mais Polémon, dans le portrait de l'homme enclin à la colère, dit qu'il est bien partagé en côtes. On rapporte que l'on trouva dans le cadavre de Rotophanes Magnésien, qui fut exhumé sous l'empereur Adrien, un grand os qui s'étendait du
cou jusqu'aux flancs, et qui tenait lieu de côtes.
Ce fut ce Rotophanes qui le même jour, sortit

vainqueur des combats olympiques , à la course,
à la lutte , au ceste et aux autres exercices qui
s'y faisaieut. Ovide dit en parlant d'Hercule :

Aut lacertos artus, aut grandia detegit ossa.

§. II. *Côtes faibles.*

Aristote dit dans sa physiognomonie, que ceux
qui ont les côtes faibles sont efféminés , et il les
compare aux femmes. Suivant Polémon et Adamantius , les côtes faibles et grêles sont un signe
de crainte et de débilité. Rhasès , Albert et Conciliator , disent qu'elles indiquent la faiblesse du
cœur et de l'ame.

§. III. *Côtes très-grêles.*

Les côtes très-grêles sont un signe de pusillanimité , de malice et de gourmandise.

§. IV. *Côtés enflées.*

Ceux qui ont les côtes enflées comme si elles
étaient boursoufflées , sont babillards et disent
des sottises. On peut les comparer aux bœufs et
aux grenouilles , dout les côtes présentent cette
conformation : Polémon et Adamantius disent
que les côtes qui paraissent enflées , dénotent
l'homme méchant et qui ne s'occupe qu'à des

niaiseries. Suivant Conciliator, elles désignent aussi l'homme qui aime à boire.

§. V. *Côtes charnues et dures.*

On lit dans Polémon et Adamantius que les côtes charnues et dures désignent l'homme inhabile aux sciences, et dans un autre endroit les mêmes auteurs disent que les côtes charnues et dures, annoncent un esprit grossier ; suivant Rhasès les côtes larges et bien charnues sont un signe de sottise. Vlbert dit que les côtes environnées de chairs dures dénotent l'homme indocile; il confond cependant ce signe avec le précédent, en disant que les grenouilles ont des côtes semblables.

§. VI. *Côtes non charnues.*

Aristote, dans la figure de l'ingénieux, lui donne les côtes dépouillées de chair, par opposition avec le signe précédent.

ARTICLE II.

DES MAMELLES.

§. I. *Mamelles pendantes sur une poitrine ample et maigre.*

On lit dans Polémon et Adamantius, que les mamelles pendantes, la poitrine ample et maigre, annoncent la débauche et l'ivrognerie; mais c'est en parlant des hommes que ces auteurs s'expriment ainsi. Conciliator au contraire dit en parlant des femmes, que celles qui ont les mamelles comme détachées de la poitrine et grandes sont paresseuses, et aiment le vin; et en suivant l'opinion d'Albert, il ajoute que celles qui les ont pendantes et molles ont le caractère efféminé, sont ivrognesses et intempérantes. Martial s'exprime ainsi, en se moquant de ces flasques mamelles :

Aut tibi pandosæ dependent pectore mammæ.

§. II. *Mamelles petites et exténuées.*

Conciliator dit que les mamelles petites et exténuées sont un caractère de debilité.

§. III. *Mamelles médiocres.*

Le même auteur, fondé sur l'autorité de Galien, regarde les mamelles médiocrement grandes, pleines et molles, comme un signe d'une parfaite complexion.

ARTICLE III.

Du Dos.

§. Ier. *Dos grand, large et fort.*

Ceux qui ont le dos grand et robuste, dit Aristote dans **sa** physiognomonie, ont l'ame généreuse et le cœur mâle : Polémon et Adamantius disent qu'ils sont généreux et magnanimes. On peut comparer ces hommes aux lions ; car Aristote donne au lion le dos large, et cet animal est généreux et magnanime, et Polémon donne à la figure de l'homme généreux le dos large.

§. II. *Dos étroit et débile.*

On lit dans la physiognomonie d'Aristote, que ceux qui ont le dos étroit et débile ont le naturel mou et ressemblent aux femmes. Polémon et Adamantius disent que le dos étroit et débile est une marque de timidité et de faiblesse. Mais Aristote écrit à Alexandre que le dos étroit dénote un esprit discordant ; nous pensons qu'il veut dire *rusé ;* car il compare ceux qui ont le dos étroit aux singes et aux chats.

§. III. *Dos charnu.*

Suivant Polémon et Adamantius, le dos couvert de beaucoup de chair, dénote l'homme dépourvu de sens.

§. IV. *Dos maigre.*

Aristote donne le dos maigre au portrait de l'homme ingénieux.

§. V. *Dos concave.*

Suivant l'interprétation de Suessan, il est écrit dans la physiognomonie d'Aristote, que ceux qui ont le dos élevé et concave sont efféminés, sans sagesse, sans esprit, et ressemblent aux chevaux qui ont le dos concave, et deviennent fous au temps de l'accouplement. Mais cette interprétation est indigne d'un si grand philosophe ; car il ne dit pas qu'ils sont glorieux, ce qui était essentiel, et il dit à tort qu'ils sont sans esprit ; le paon, qui a le dos élevé et concave, excelle parmi les oiseaux, tant par sa gloire que par son intelligence ; c'est en plein jour et lorsque le soleil brille sur l'horison qu'il déploie son beau plumage ; alors, tantôt il s'expose à la vive lumière de ses rayons pour relever l'éclat de ses charmantes couleurs, et tantôt il se promène à l'ombre pour faire paraître celles qui ne brillent pas au grand jour. Pline remarque que le paon, sensible aux éloges qu'on fait de sa beauté, lorsque sa queue est épanouie, s'épanouit davantage encore pour se rendre plus digne d'admiration, et que lorsqu'on le méprise, il laisse tomber sa queue, et témoigne son dépit et sa colère.

§. VI. *Dos convexe ou courbé.*

Suivant Adamantius, le dos convexe ou conrbé annonce un homme très-attaché à son intérêt. Polémon dit qu'il est pervers et envieux.

§. VII. *Dos qui tient le milieu entre le concave et le convexe.*

Puisque le dos ne doit être ni trop courbé ni trop concave, dit Aristote dans sa physiognomonie, celui qui tient le milieu entre ces deux extrêmes est de bonne constitution. Polémon et Adamantius disent que le dos qui tient le milieu entre le concave et le convexe, dénote l'homme prudent, gracieux et jovial.

§. VIII. *Dos couvert de poils.*

Ceux qui ont le dos couvert de poils, dit Aristote dans sa physiognomonie, ont le caractère rude, et ressemblent aux bêtes sauvages. D'autres disent qu'ils sont sáns honte ; mais ils sont plutôt rudes ; car les bêtes sauvages sont rudes et cruelles et ne sont pas sans honte.

ARTICLE IV.

Des Omoplates.

§. Ier. *Omoplates larges, grandes et distantes.*

Aristote donne à la figure de l'homme courageux les omoplates larges. Polémon et Adamantius disent que les omoplates étendues en largeur sont un signe de virilité ; et Polémon les donne aussi, d'après Aristote, à la figure du courageux. Virgile semble les regarder comme indiquant la force, lorsqu'il dit :

Talis prima Dares caput altum in prælia tollit, ostenditque
Humeros latos.

Et dans un autre endroit :

Hæc fatus ; latos humeros subjectaque colla, etc.

Platon fut ainsi nommé à cause de ses épaules larges. Avant de se livrer à la philosophie c'était un athlète très-fort ; on peut lire à cet égard l'histoire de sa vie dans Plutarque. L'empereur Tibère avait les épaules larges, la poitrine et tous ses membres bien proportionnés entr'eux.

§. 11. *Omoplates élevées.*

Aristote donne à la figure de l'homme sans honte les omoplates très-élevées.

CHAPITRE III.

De la poitrine, considérée sous le rapport des fonctions qui s'exercent au moyen des organes dont elle est composée.

Ces fonctions sont la respiration, laquelle appartient essentiellement à la poitrine; le soupir; le ris, qui ne sont que des modifications de la respiration; enfin, la voix et la parole, dont nous aurions pu parler après avoir considéré la bouche, mais que nous avons préféré placer ici, parce que, quoiqu'elles aient leur siége, la première dans le larynx, et la seconde dans la bouche, elles n'en sont pas moins sous la dépendance immédiate de la respiration.

Nous allons successivement examiner ces diverses fonctions dans l'ordre où elles viennent d'être énoncées.

ARTICLE I.er

DE LA RESPIRATION.

Plusieurs médecins assurent que la respiration

peut facilement indiquer les différens tempéramens, tels que le chaud, le froid, l'humide et le
sec, et que ces tempéramens influent sur les qualités de l'ame.

Or, disent-ils, si le tempérament est chaud il
annonce la force et la magnanimité ; s'il est froid
il indique la faiblesse et la pusillanimité ; si sa
chaleur est tempérée, elle dénote des qualités
également tempérées.

§. Ier. *Respiration forte, grande et prompte.*

La respiration forte, grande et prompte, lorsque les cavités dans lesquelles l'air s'introduit
sont bien développées, annonce un excès de chaleur dans le tempérament. Polémon et Adamantius disent que la respiration profonde, forte et
prompte, est un signe de rusticité et d'ivrognerie,
et que par conséquent elle indique l'homme fort ;
suivant Michel Scot, l'animal dont la respiration
est grande et forte est doué de beaucoup de force
et a besoin de beaucoup boire. Albert dit que la
respiration fréquente, prompte et chaude est un
signe de la chaleur du tempérament.

§. II. *Respiration forte, grande et prompte,*
avec maigreur de la poitrine et de tout le
corps.

Si l'espèce de respiration dont nous venons

de parler est accompagnée de la maigreur de la
poitrine et de tout le corps; elle dénote un tempérament chaud et sec, et par conséquent un
caractère prompt à se courroucer, et s'appaisant
difficilement; car la chaleur du tempérament
donne naissance au caractère très-irascible, et
sa sécheresse empêche la colère de s'appaiser.
Polémon et Adamantius donnent à la figure
de l'homme revêche la parole et la respiration
véhémentes.

§. III. *Respiration petite, rare et lente.*

Ces signes sont opposés aux précédens; ils annoncent par conséquent un tempérament froid
et un caractère timide; Polémon donne à la figure de l'homme timide une respiration faible;
etAdamantius la lui donne irrégulière ou tumultueuse et peu fréquente. Albert dit que la respiration petite, rare et lente, forme des signes contraires aux précédens, doit indiquer un caractère
contraire, et par conséquent un tempérament
froid.

§. IV. *Respiration petite, rare et lente, avec une poitrine petite et sans poil.*

Ces signes annoncent l'homme timide au dernier point, et dont la jeunesse ressemble à la
vieillesse, et la vieillesse à la mort.

12

§. V. *Respiration modérée.*

La respiration modérée dénote un tempérament moyen entre le chaud et le froid, et cette respiration s'observe chez ceux qui naissent sous des climats tempérés. Polémon et Adamantius disent que la respiration modérée dénote l'homme d'un bon esprit.

§. VI. *Respiration aisée et sans bruit.*

L'homme dont la respiration est aisée et sans bruit, au point de paraître nulle, est absorbé dans ses pensées, et l'on peut voir dans ses yeux quel en est l'objet.

§. VII. *Respiration précipitée.*

Polémon et Adamantius disent que l'homme qui a la respiration précipitée, comme lorsque l'on vient de courir, n'est pas susceptible de bons conseils et divulgue toutes ses actions.

§. VIII. *Respiration haute, dense et facile.*

Suivant les mêmes auteurs, ceux dont la respiration est haute, dense et facile, et se fait en grande partie par les narines, sont livrés à la crainte et à la tristesse, et si les autres signes convenables se rencontrent, ils sont efféminés et impudiques.

ARTICLE II.

Du Soupir.

Le soupir consiste dans une inspiration plus grande que les inspirations ordinaires ; il a pour but , en introduisant une grande quantité d'air dans la poitrine, de la débarrasser du poids qui l'opprime, lorsque quelque passion s'est emparée de l'ame : le soupir a lieu dans l'amour et décèle cette passion. Apulée dit que Pan reconnut que Psyché était transportée d'amour aux soupirs qu'elle tirait sans cesse du fond de son cœur ; on lit dans Horace :

Amantes languor et silentium erguit , à latere
Petitus imo spiritus.
Invitus suspirans et illacrymens, frequentans in te visum
Et qui cum eum respicis terretur et erubescit.

L'homme qui aime , dit Aristote à Alexandre , a fréquemment les yeux fixés sur son amante, et s'il aperçoit qu'elle le regarde , il se trouble, s'émeut, rougit, soupire, et les larmes, malgré lui, s'écoulent de ses yeux.

L'homme qui soupire en secouant la tête a le cœur plein de remords : c'est l'opinion de Polémon et d'Adamantius.

Celui qui soupire avec les yeux fixes, disent les mêmes auteurs, vise aux moyens de se tirer de quelques mauvaises actions dont il se repent.

ARTICLE III.

Du Ris.

§. I. *Ris fréquent et sans sujet.*

Cette phrase, *rire sans sujet, c'est rire comme un fou*, est passée en proverbe; il en est de même de celle-ci chez les Latins, *risus abundat in ore stultorum*; et Catulle dit à Egnatius : *risu inepto res ineptior nulla est :* on lit aussi dans Plutarque et dans Isocrate que le ris démesuré est un signe de folie et d'un cerveau timbré; c'est pourquoi Sénèque dit, *sit risus citra cachinnum.* On rapporte que Démocrite riait à tous les instants. On voyait dans les académies d'Athènes son portrait dans lequel les lèvres étaient écartées et allongées comme elles le sont dans le rire. Michel Scot dit que ceux qui rient fréquemment sont simples, vains, inconstans, fort crédules, incapables de garder un secret, et d'un esprit grossier. Le ris sans motif, comme était le ris d'Ajax, n'appartient qu'à l'homme insensé ; aussi, dit-on de ceux qui rient comme des fous et sans sujet, qu'ils ont le ris d'Ajax.

§. II. *Ris éclatant.*

L'homme qui rit à haute voix, dit Rhasès, et après lui Conciliator, est sans honte. C'était ainsi que riait César, comme le rapporte Suétone.

§. III. *Ris rare.*

Aristote écrivant à Alexandre, fait l'éloge de ceux qui n'aiment pas beaucoup à rire. Rhasès assure que l'homme qui rit peu est d'un bon caractère, qu'il n'est pas contrariant, et qu'il met bon ordre à ses affaires ; on lit la même chose dans Conciliator. Scot dit que celui qui rit peu est constant, plein de sagacité, d'une rare intelligence, et laborieux ; la modération dans le ris plaît à tout le monde, parce qu'elle est le propre de ceux qui ont l'esprit occupé par de profondes méditations. Isocrate dit que le ris immodéré est un signe de folie ; il remarque que Platon ne riait jamais, tant il avait de retenue dans ses mœurs, et de modestie dans son dehors. Anaxagore Clasoménien n'a jamais ri. Héraclite était d'un caractère entièrement opposé à celui de Démocrite, car il répandait sans cesse des larmes sur les actions des hommes. Philippe le jeune était d'un naturel si sévère, qu'on n'a jamais pu le faire rire, même par les contes les plus facétieux. Eutrophus rapporte dans son histoire romaine, que ce même Philippe, voyant un jour son père rire à gorge déployée, dans quelques jeux particuliers, détourna les yeux comme pour le dédaigner. On rapporte que M. Crassus, dont le front portait l'empreinte de ses mœurs austères, n'a jamais ri qu'une fois en sa vie. Tigrinus, Romain, riait fort peu ; il était recommandable par son esprit pénétrant, sa brillante intelligence, sa grande érudition et ses mœurs excellentes.

§. IV. *Bouche riante.*

Les lèvres agréables et un peu riantes, dit Albert, lorsqu'elles appartiennent à un visage gai, dénotent l'homme enclin à la lubricité. Selon notre opinion, la bouche riante dénote un homme d'un mauvais esprit, menteur, ne roulant dans sa pensée que des méchancetés, dissimulé et plein de malice ; nous avons toujours remarqué que la bouche riante est un mauvais signe. C'est ce qui a fait dire à Claudianus.

. . . . . Et blando fraudem prætexere risu.

C'est une chose naturelle aux femmes. Apulée

dépeint Vénus souriant un peu : delà ce précepte érotique.

. . . . Sint modici risus, parvœque utrimque lacunæ.

ARTICLE IV.

DE LA VOIX.

Hippocrate, dans son livre de la structure de l'homme, distingue trois espèces de voix, la grave, l'aiguë et la moyenne, ou celle qui tient le milieu entre la grave et l'aiguë; la voix offre beaucoup d'intérêt au physionomiste, puisque, comme le disent Polémon et Adamantius, l'homme dont la voix se rapproche de celle de quelque animal, lui ressemble aussi du côté des mœurs, et on en voit dont la voix ressemble à celle du cochon, d'autres à celle du singe, à celle de l'âne, à celle du cheval, à celle de la brebis, etc. Albert est du sentiment de Polémon et d'Adamantius. Diogène s'étonnait de ce qu'on se bornât au seul aspect de l'homme pour en juger, sans avoir égard à sa voix, puisque, disait-il, lorsqu'on achète une marmite, ce n'est qu'après en avoir entendu le son.

§. I. *Voix grave.*

La voix grave, dit Aristote da n sa physiognomonie, dénote l'homme fort, car les animaux forts ont la voix grave, tels sont le lion, le taureau, le dogue parmi les chiens, et le coq. Lucain dit de la voix du lion :

. . . Et vasto grave murmur hiatu infremuit.

On lit dans le livre des morales, d'Aristote, que l'homme magnanime a la voix grave, la parole ferme et les mouvemens lents; ce même auteur dit dans son livre des animaux que l'on peut juger des qualités d'un animal par sa voix; que celui qui l'a aiguë est craintif, et que celui qui l'a grave est fort. Apulée appelle dans ses florides la voix du taureau, *mugissement grave*, et la voix du lion en courroux, *rugissement.* La voix de l'homme est grave, celle de la femme est grêle, et les hommes robustes qui ont une respiration énergique l'ont plus grave que les autres. Galien dit que la gravité de la voix est en raison de la largeur de l'entrée de la gorge, que cette largeur dénote la chaleur, et que les hommes d'un tempérament chaud sont forts. Phrodisée, dans ses problêmes, dit la même chose que Galien. Vitruvius rapporte que les habitans des régions septentrionales les plus reculées de celles qui sont situées sous le pole, ont la voix grave.

Aristote écrit à Alexandre que la voix grosse

et sonore, est celle de l'homme éloquent et grand guerrier. Conciliator dit la même chose, d'après Aristote.

§. II. *Voix grave et forte.*

La voix grave et forte est un signe de force, dit Aristote dans sa physiognomonie et dans ses problêmes. Polémon et Adamantius donnent à la figure de l'homme fort la voix grave, intense et farouche. Dares le Phrygien rapporte dans son histoire que Diomède, Grec, avait la voix très-forte, qu'il était vaillant guerrier, d'un caractère impatient, audacieux, et bouillant.

§. III. *Voix grave et perçante.*

On lit dans les auteurs que ceux qui ont la voix grave et perçante, comme celle des ânes, tiennent du naturel de ces animaux, et sont injurieux; mais nous pensons qu'ils sont plutôt propres à supporter les injures, qu'à en dire. Hérodote rapporte que la cavalerie des Scythes, dans le combat qu'ils livrèrent aux Perses, fut mise en déroute par les cris perçans et désagréables d'un âne: l'oiseau qu'on appelle onocrate, et dont la voix ressemble à celle d'un âne, est, comme cet animal, grossier, sans honte et stupide. Sélim, empereur des Turcs, fils de Soliman, avait le son de la voix fort désagréable: c'était un ignorant adonné aux femmes, qui a fini ses jours dans le sein des débauches.

§. IV. *Voix grave et obscure.*

Ceux qui ont la voix grave et obscure, comme les gros chiens, ont les mœurs semblables à celles de ces animaux.

§. V. *Voix grave et molle.*

Ceux qui ont la voix grave et molle, dit Aristote, et après lui Polémon et Adamantius, dans leurs physiognomonies, ont le naturel doux comme les brebis, auxquelles ces auteurs les comparent. On peut dire que l'homme qui parle gravement et mollement est doué de bonnes mœurs. Polémon donne à la figure de l'homme doux la voix grave et mâle. Conciliator compare aussi aux brebis ceux qui ont une semblable voix.

§. VI. *Voix inégale dans ses sons.*

Aristote dit dans sa physiognomonie, que ceux dont la voix est grave au commencement, et grêle à la fin, sont plaintifs, faciles à se courroucer, et ressemblent aux bœufs; Polémon et Adamantius disent, d'après Aristote, que l'homme qui a une semblable voix est triste et enclin au courroux. Suivant Albert, il s'affecte fortement et a l'ame lugubre.

§. VII. *Voix grave* (1) *, creuse et flexible.*

L'homme qui a la voix grave, creuse et flexible, est recommandable par ses mœurs, sa grandeur d'ame et sa justice. On peut, suivant nous, le comparer au lion. Conciliator dit que ceux dont la voix est grave, creuse et flexible, ont le caractère mâle, docile, et sont fort courageux : plusieurs auteurs font mention de la justice des lions, à venger les injures qu'ils ont reçues, et de leur exactitude à observer ceux qui les outragent.

§. VIII. *Voix aiguë.*

La voix aiguë est un signe de timidité, dit Aristote dans sa physiognomonie ; car les animaux timides, tels que le cerf et le lièvre, ont la voix aiguë ; l'homme faible a aussi la voix aiguë. Suivant Galien, le son aigu de la voix, est dû au peu de largeur de l'embouchure de la gorge, ce qui provient de la froideur naturelle. Homère compare les vieillards aux cigales, qui ont la voix fort aiguë ; telle est aussi la voix des femmes et

____

(1) La voix est creuse lorsqu'elle résonne dans le fond de la bouche comme si elle sortait d'une profonde caverne.

des eunuques , qui leur ressemblent par leur faiblesse et par d'autres caractères. Vitruvius rapporte que beaucoup d'habitans des régions méridionales ont la voix très-déliée , très-aiguë. Suivant Albert, au contraire, les Septentrionaux ont la voix plus aiguë que les Méridionaux. Polémon et Adamantius dépeignent l'homme sans honte avec la voix aiguë. Phavorin, célèbre philosophe, avait la voix aiguë et déliée, et n'avait pas de barbe au menton , même dans un âge fort avancé ; il avait le naturel efféminé et impudique.

§. IX. *Voix aiguë et faible.*

Aristote dit dans sa physiognomonie que la voix aiguë et faible indique la timidité , comme la voix forte indique la force. Polémon et Adamantius dépeignent l'homme timide avec la voix aiguë et faible.

§. X. *Voix aiguë et forte.*

La voix aiguë et forte, dit Aristote dans sa physiognomonie, dénote l'homme enclin à la colère et à l'indignation.

§. XI. *Voix semblable à celle du cygne.*

Suivant Polémon et Adamantius, la voix semblable à celle du cygne dénote l'homme fou,

vain , et roulant de grandes choses dans son esprit. Conciliator et après lui Albert, disent que
ceux qui ont la voix semblable à celle du cygne
sont vains et portés pour les voluptés du corps.

§. XII. *Voix aiguë, molle et cassée.*

Ceux qui ont la voix aiguë , molle et cassée ,
dit Aristote, sont impudiques et ressemblent aux
femmes. Polémon confirme cette opinion; mais
le texte d'Adamantius est défectueux ; ces deux
derniers auteurs donnent au portrait de l'impudique la voix aiguë , grêle et cassée. Conciliator dit que l'homme dont la voix est molle ,
aiguë et cassée , est timide et efféminé.

§. XIII. *Voix aiguë et criarde.*

Aristote dit dans sa physiognomonie que celui
dont la voix est aiguë et criarde est stupide ,
et il le compare aux chèvres, qui ont une semblable voix. Albert et Conciliator sont du sentiment d'Aristote. Polémon et Adamantius , en
faisant le portrait du fat méchant, disent qu'il
a la voix grêle , âpre et bêlante.

§. XIV. *Voix moyenne entre la grave et l'aiguë.*

Aristote écrit à Alexandre , que la voix qui
tient le milieu entre la grave et l'aiguë est celle

de l'homme sage, prévoyant, ami de la vérité et de la justice.

§. XV. *Voix moyenne entre la forte et la faible.*

On lit dans l'ouvrage d'Averroës, intitulé *Colliget*, que la voix qui tient le milieu entre la forte et la faible, est un signe du tempérament moyen entre le froid et le chaud. Or, une constitution tempérée dénote, suivant nous, de bonnes mœurs, un esprit ingénieux et autres excellentes qualités.

§. XVI. *Voix rude.*

Nous regardons ceux qui ont la voix rude comme adonnés à la luxure, et nous les comparons aux boucs. Aristote remarque que la voix de la plupart des animaux, et particulièrement du cerf, devient enrouée au tems du rut. L'enrouement survient aussi dans la voix des adolescens, à l'époque de la puberté, comme l'a très-bien observé Averroës.

§. XVII. *Voix claire.*

Averroës dit dans son livre intitulé *Colliget*, que la voix claire provient de la siccité du poumon ou du tempérament, et que le tempérament chaud et sec donne naissance aux mœurs rustiques. Dares le Phrygien rapporte qu'Ajax, fils de Télamon, avait la voix claire, et qu'il était cruel envers ses ennemis.

§. XVIII. *Voix tendre.*

Polémon et Adamantius, donnent au portrait qu'ils font de l'homme aimable la voix tendre. Priam avait la voix tendre : aussi était-il aimable, et doué de belles qualités.

§. XIX. *Voix douce.*

Aristote dit à Alexandre que celui qui a la voix douce, est envieux et plein de soupçons.

§. XX. *Voix basse.*

Polémon et Adamantius donnent la voix basse au portrait qu'ils font de l'homme dissimulé.

§. XXI. *Voix faible et larmoyante.*

La voix faible et larmoyante dénote, suivant les mêmes auteurs, l'homme avide de gain, triste et soupçonneux. Conciliator et Albert disent, d'après eux, que la voix faible et lugubre annonce l'homme rude et rempli de soupçons.

§. XXII. *Voix grêle.*

Aristote avait la voix grêle, comme le rapporte Laertius, fondé sur l'autorité de Timothée l'Athénien, dans son livre des vices. Telle était aussi la voix de Platon, dont Plutarque dit qu'elle n'était pas seulement grêle, mais qu'elle avait aussi un son doux et agréable; ce qui annonçait un esprit paisible, modeste, et de bonnes mœurs.

§. XXIII. *Voix tremblante.*

La voix tremblante est un signe de timidité et de crainte: c'est le sentiment d'Aristote.

ARTICLE V.

DE LA PAROLE.

On peut aussi parvenir à la connaissance des qualités de l'ame, par l'étude de la parole. Socrate en tirait des signes très-puissans; voyant un jour un fort beau jeune homme qui gardait un profond silence, il lui dit: *ut te videam, aliquid eloquere.*

§. Ier. *Parole ferme.*

Aristote, dans le quatrième livre de ses morales, donne à l'homme magnanime la voix grave, la parole ferme, et les mouvemens lents.

§. II. *Parole prompte.*

Aristote écrit à Alexandre que l'homme qui a la parole prompte, est méchant, insensé, importun et menteur. Polémon et Adamantius disent qu'il est incapable de bon conseil et plein de démence. Suivant Rhasès, l'homme qui est prompt dans la parole, est également prompt dans ses actions et doué de peu d'intelligence. Conciliator dit que celui dont la parole est prompte, outre les qualités que lui donne Aristote, a de plus un caractère irasible et de mauvaises mœurs. Aratus, que cite Suidas, donne à la grenouille beaucoup de babil, ce qui accompagne ordinairement la stupidité.

§. III. *Parole basse.*

La parole basse, dit Aristote dans sa physiognomonie, dénote l'ame paisible et douce, et on doit la rapporter à l'affection ; car de même que l'homme en colère hausse la voix, de même l'homme dont le cœur est tranquille, la baisse et parle d'un ton grave.

§. IV. *Parole tardive.*

Aristote dans sa physiognomonie, et après lui Polémon et Adamantius, attribuent à l'homme honteux la parole tardive.

13

§. V. *Parole véhémente.*

Polémon et Adamantius, dans le portrait qu'ils font de l'homme revêche, lui donnent la parole véhémente.

§. V. I. *Parole courte.*

Polémon dit que la parole courte dénote l'homme paresseux et craintif.

§. VII. *Parole grave et débile.*

Polémon et Adamantius regardent ceux qui ont la parole grave et débile comme des hommes lourds, stupides, injurieux et gourmands.

§. VIII. *Parole aiguë et peu nette.*

Ceux qui n'ont pas la parole nette, et dont le ton est aigu, disent ces mêmes auteurs, sont inconstans et variables.

§. IX. *Parole aiguë et débile.*

Polémon dit que celui qui parle d'un ton aigu et débile est d'un caractère craintif et envieux. Suivant Adamantius, ce ton n'est pas un signe de crainte, mais de lâcheté et de paresse.

§. X. *Parole nasale.*

Suivant l'opinion de Polémon, d'Adamantius,

de Scot, d'Albert et de Conciliator, l'homme qui parle du nez est menteur, méchant, malin, envieux, et se réjouit du mal qui arrive à ses semblables.

§. XI. *Parole un peu lâche.*

Ceux qui ont la parole un peu lâche sont, suivant l'opinion de Polémon et d'Adamantius, d'un caractère violent, méchant, et portent dans leur cœur la haine de leurs semblables. Conciliator confirme cette opinion.

§. XII. *Parole difficile.*

Les mêmes auteurs disent que ceux qui parlent avec difficulté doivent être réputés méchans, et dépourvus de sagesse pour la plupart.

§. XIII. *Parole modeste.*

Suivant Scot, la parole modeste dénote l'homme trompeur.

§. XIV. *Du bégaiement.*

L'homme qui bégaie, dit Scot, est prompt à se courroucer et appaise aisément sa colère; suivant Conciliator, l'homme qui bégaie est mélancolique. Dares le Phrygien rapporte que Pyrrhus, fils d'Achille, bégayait, et l'on sait qu'il était grand guerrier. Alcibiade, dit-on, bégayait aussi, et était doué d'une grande force de corps et d'un esprit distingué.

SECTION III.

DES SIGNES QUE PRÉSENTE LE VENTRE.

LE ventre se divise en région antérieure, à laquelle on réserve spécialement le nom de ventre, et en région postérieure, que l'on connaît sous le nom *des lombes*.

CHAPITRE PREMIER.

DU VENTRE PROPREMENT DIT.

§. I. *Ventre ample et concave.*

Aristote dit dans sa physiognomonie que le ventre grand et concave, est un signe de force; le même auteur, dans le portrait de l'homme fort, lui donne le ventre grand et concave. Polémon et Adamantius dépeignent l'homme fort avec un pareil ventre. Conciliator dit que le ventre charnu dénote la force.

§. II. *Ventre grand, charnu, mou et pendant.*

Aristote écrit à Alexandre que l'homme qui a le ventre grand est lourd, rempli d'orgueil, et adonné à la luxure; selon l'opinion de Polémon, si le ventre est mou et pendant, il annonce un esprit sensé, un penchant à l'ivrognerie et à l'intempérance; mais Adamantius dit qu'il faut pour cela que le ventre soit grand et non concave. Ces mêmes auteurs dépeignent l'homme grossier ventru; ils dépeignent de même le fat méchant, qui est rempli de vices. Galien dit à Thrasybule que le gros ventre annonce un esprit peu intelligent. Suivant Albert, celui qui a le ventre grand est indiscret, fou, orgueilleux, et adonné à la lubricité. On lit dans Rhasès que le ventre trop considérable annonce l'homme enclin à la débauche. Conciliator pense de même. Pline regarde l'homme qui a le ventre fort gros comme peu industrieux. Albert dit que le ventre ferme et couvert de beaucoup de chair en proportion de la stature, dénote l'homme malicieux, et non pas le gourmand et le luxurieux. Maxime Planudès rapporte qu'Esope était très-ventru. Néron avait le ventre un peu saillant; et il portait à l'excès son goût pour les plaisirs sensuels, de même que l'empereur Pertinax, comme l'écrit Suétone.

Placite, dans le portrait qu'il fait d'un infâme débauché, lui donne, entre autres caractères, le ventre saillant, et dans sa comédie intitulée Asinaria, il donne un semblable ventre à Léonida.

§. III. *Ventre maigre.*

Ceux qui ont le ventre maigre sont mous, efféminés et indécens; car la décence comporte un ventre grand.

§. IV. *Ventre dur.*

Le ventre dur est, selon Polémon, un signe de gourmandise et de grossièreté; mais Adamantius dit que le ventre dur n'est pas un signe de grossièreté, mais de fourberie.

§. V. *Ventre mou.*

Albert dit d'après Loxus, que le ventre mou et déprimé annonce la force et la grandeur d'ame.

§. VI. *Ventre médiocre.*

Un ventre médiocre avec une poitrine bien proportionnée, dit Aristote à Alexandre, dénote un homme de grande intelligence et de bon conseil. Suivant Polémon et Adamantius, un ventre qui a peu d'embonpoint annonce un esprit sain, doué d'un bon entendement. Sovius rapporte que Sfortia avait le ventre si étroit qu'il semblait ceint d'un lien très-serré, et que c'était un guerrier plein de force et de courage. Albert est du sentiment d'Aristote.

§. VII. *Ventre couvert de poils, ainsi que la poitrine.*

L'homme qui a beaucoup de poils au ventre et à la poitrine, dit Aristote à Alexandre, inspire nne espèce d'horreur, a quelque chose de singulier dans sa nature, ne craint rien et se plaît aux injures. Le même auteur dit dans sa physiognomonie que ceux qui ont le ventre et la poitrine garnis de poils sont inconstans dans leurs opérations et ressemblent aux oiseaux. Suivant Polémon le ventre et la poitrine couverts de poils annoncent l'inconstance, la légèreté et la faiblesse de l'esprit; Adamantius dit que c'est un signe de luxure. On lit dans Albert que le ventre et la poitrine couverts de poils sont un signe de légèreté et d'inconstance.

Du Nombril.

Le nombril est cette espèce de cicatrice qui occupe à peu près le milieu de la région du ventre.

§. Ier. *Nombril moins éloigné du bas de la poitrine que du pubis.*

Aristote dit dans ses problêmes que ceux dont le nombril est séparé par un espace moins grand de la partie inférieure de la poitrine que du pubis, sont faibles, très-sujets aux maladies, et de courte vie. Conciliator est du sentiment d'Aristote.

§. II. *Nombril plus éloigné du bas de la poitrine que du pubis.*

Ceux dont le nombril est séparé par un espace plus grand de la partie supérieure de la poitrine que du pubis, sont, dit Aristote, grands mangeurs et insensibles ; le même auteur donne cette disposition du nombril au portrait du grand mangeur ; Polémon et Adamantius disent la même chose, d'après Aristote. Albert s'exprime sur ce signe d'une manière fort obscure.

§. III. *Nombril autant éloigné du pubis que du bas de la poitrine.*

Lorsque l'espace qui s'étend du pubis au nombril, est égal à celui qui se porte du nombril à la partie inférieure de la poitrine, et à celui qui s'étend de cette dernière partie, ou de la fourchette, à la partie inférieure du corps, ce qui divise le ventre et la poitrine, pris ensemble, en trois parties égales, c'est un signe d'un esprit excellent et d'une bonne constitution corporelle: cette opinion, qui est celle d'Aristote, est confirmée par Polémon, Conciliator et Albert.

CHAPITRE II.

DE LA RÉGION POSTÉRIEURE DU VENTRE, OU DES LOMBES.

§. I. *Lombes robustes tant en vertèbres qu'en parties molles.*

Polémon et Adamantius regardent les lombes robustes tant en vertèbres qu'en parties molles, comme un signe de virilité.

§. II. *Lombes petits et débiles.*

Aristote, en faisant le portrait de l'homme timide, lui donne les lombes petits et faibles. Polémon et Adamantius les lui donnent longs.

§. III. *Lombes charnus.*

Aristote donne au portrait de l'homme grossier les lombes charnus.

§. IV. *Lombes charnus et mous.*

On lit dans Polémon et Adamantius que les

lombes charnus et mous, indiquent un caractère efféminé; Albert dit que quand l'épine est environnée de chairs molles et appuyée sur des fesses larges , c'est un signe d'un caractère efféminé.

§. V. *Lombes saillans.*

Les lombes saillans appartiennent aux hommes efféminés , intempérans et timides : c'est le sentiment de Polémon et d'Adamantius. Albert dit que c'est un signe d'intempérance, de timidité et de lubricité.

§. VI. *Lombes mouvans.*

Ceux dont les lombes sont continuellement en mouvement , dit **Aristote** , par exemple , ceux qui vont à cheval, ont le corps très-disposé à l'acte de la copulation ; la chaleur et l'agitation stimulent chez eux les organes de la génération, lesquels agissent quelquefois spontanément. Voilà pourquoi ces personnes deviennent plus enclins aux exercices de Vénus, dit le même auteur, dans ses problêmes ; aussi les tisserandes, qui remuent continuellement les lombes, deviennent par cela même plus lascives.

SECTION IV.

DES SIGNES QUI SE TIRENT DES MEMBRES.

LES membres se divisent en supérieurs et en inférieurs ; nous allons d'abord nous occuper des membres supérieurs, ensuite nous passerons aux inférieurs.

CHAPITRE PREMIER.

DES SIGNES QUI SE TIRENT DES MEMBRES SUPÉRIEURS.

Les membres supérieurs nous offrent à considérer les épaules, les bras et les mains.

ARTICLE PREMIER.

DES EPAULES.

§. 1er. *Epaules fortes.*

Les épaules fortes, selon l'opinion d'Adamant ius, dénotent l'homme robuste; cet auteur et Polémon donnent au portrait de l'homme fort les épaules robustes, et à celui de l'homme enclin à la colère les épaules larges. Aristote, dans la description du lion, lui donne les épaules robustes. Léodamas, dans Homère, jugeant de la force d'Ulysse par la forme de ses épaules, lui dit :

> Quantum suris, humerisque torisque, colligere est, non segnis, inersque.

Ulysse dit, au contraire, en se raillant de Léodamas :

> Si membra tibi dant grandia parcæ inarticulati et imbecilles humeri.

§ II. *Epaules mal articulées et faibles.*

On lit dans la physiognomonie d'Aristote, que ceux qui ont les épaules mal articulées et faibles sont mous, débiles et ressemblent aux femmes. Polémon et Adamantius disent que les épaules faibles annoncent l'homme faible et efféminé.

§. III. *Epaules lâches.*

Albert dit que les épaules lâches dénotent la faiblesse et la crainte.

§. IV. *Epaules mal détachées et roides.*

Ceux qui ont les épaules mal détachées et roides sont *illibéraux*, et ce signe se rapporte aux mœurs apparentes ; car les avares qui ne veulent pas donner roidissent et retirent leurs épaules.

§. V. *Epaules bien détachées et déliées.*

Aristote dit dans sa physiognomonie , que l'homme qui a les épaules bien détachées et déliées est libéral , et il le compare au lion ; en effet, cet animal a les épaules bien détachées, bien articulées , ainsi que toutes les autres parties de son corps. On remarque dans les galères, que les forçats les plus forts sont ceux qui ont les épaules bien détachées et bien articulées ; la même chose s'observe chez les boulangers.

§. VI. *Epaules amples , distantes , ni trop resserrées , ni trop lâches.*

Cette disposition des épaules est la plus parfaite. Aristote dit qu'elle dénote la force, et il la donne au portrait de l'homme fort.

§. VII. *Epaules grasses.*

On ne fait aucun cas des épaules grasses , comme le remarquent Polémon et Adamantius. Albert dit , mal à propos , qu'elles sont un signe de force.

§. VIII. *Epaules maigres et pointues.*

Suivant Polémon et Adamantius, les épaules maigres et pointues annoncent de très-mauvaises mœurs. Conciliator dit qu'elles appartiennent à l'homme insidieux ; Albert dit la même chose.

§. IX. *Epaules grêles et resserrées.*

Aristote, dans sa physiognomonie, donne au portrait de l'homme ingénieux les épaules grêles et resserrées.

§. X. *Epaules élevées.*

Les épaules élevées, dit Aristote dans sa physiognomonie, dénotent l'homme grossier et infidèle ; le même auteur donne de semblables épaules au portrait de l'homme grossier.

§. XI. *Epaules velues.*

Aristote écrit à Alexandre, que les épaules couvertes de poils indiquent la folie, et dans sa physiognomonie il dit que ceux qui ont les épaules velues aiment le changement, et il les compare aux oiseaux ; Polémon et Adamantius, à l'article où ils traitent des poils, disent que ceux qui en ont les épaules couvertes tiennent du naturel des oiseaux. Socrate avait les épaules velues, comme le rapporte Hiéronyme à Jovinianus, et quand il avait quelque querelle avec ses femmes il leur disait qu'il savait bien qu'il était laid, difforme, qu'il avait le nez camus, la tête chauve, les

épaules velues et les jambes courbes. Juvénal dit
à ce sujet :

> Hispida membra quidem, et duræ per brachia setæ
> Promittunt atrocem animum.

ARTICLE II.

DES BRAS.

§. Ier. *Bras longs, robustes, et coudes bien articulés.*

Polémon et Adamantius disent que les bras
longs, robustes, et les coudes bien articulés,
dénotent l'homme de probité. Aristote, en parlant
des jambes, dit que lorsqu'elles sont robustes, bien
articulées et musculaires, elles dénotent un cœur
mâle, et il avertit que ce signe est applicable aux
bras. Simon, dans son livre de la vieillesse, rapporte que Milon-Crotoniate, courbé sous le poids
des années et voyant les athlètes s'exercer dans
la lice, et y donner des preuves de leur énergie,
s'écria, en jetant les yeux baignés de larmes sur
ses bras dépourvus de vigueur : *At hi quidem
jam mortui sunt.* Dares dépeint Achille avec les
bras forts ; César avait les membres longs et très-
robustes ; tels étaient aussi les membres de l'empereur Vespasien, qui, comme le rapporte Suétone, fut choisi à cause de sa noble valeur pour la

conquête de la Judée. Georges Scanderbeg avait les membres si robustes et si charnus, que d'un seul coup du grand coutelas dont il se servait dans les combats, il emportait, à ceux des ennemis qui tombaient sous sa puissance, la tête ou un bras, ou les fendait en deux.

§. II. *Bras et coudes grêles.*

Selon l'opinion de Polémon et d'Adamantius, les bras et les coudes grêles, par opposition à ceux dont nous venons de parler, sont un signe de faiblesse. Albert dit que les coudes grêles dénotent la faiblesse.

§. III. *Bras fort charnus.*

On lit dans Polémon et Adamantius, que les bras très-charnus dénotent l'homme ignorant et insensé. Aristote donne au portrait de l'homme grossier les parties des environs du cou, et les bras, très-charnus. Albert dit que les coudes volumineux sont un signe de grossièreté et d'indocilité.

§. IV. *Bras longs jusques aux genoux.*

Lorsque les bras, étant étendus sur les côtés du corps, atteignent les genoux par le bout des mains, dit Aristote en écrivant à Alexandre, c'est un signe de probité, de hardiesse et de

libéralité ; suivant Polémon les bras de cette longueur sont un signe de force et de chaleur ; mais
Adamantius dit qu'ils dénotent la force et la féli-
cité ; Rhasès prétend qu'ils désignent la grandeur
d'ame, l'arrogance et le désir de régner, et attribue
cette longueur des bras à la chaleur et à l'humidité du cœur. On lit dans Albert que les bras
longs, quoique l'extrémité du doigt du milieu
ne touche pas le genou et qu'il s'en faille même
de l'espace de quatre doigts, annoncent l'homme
fort et humble. On rapporte qu'Aristote avait les
bras longs ; Alexandre avait les mains longues et
il était hardi, bon et libéral. Artaxerxès était
surnommé *Longue-main*, parce qu'il avoit la
main droite plus longue que la gauche ; il surpassa, par son humanité et son grand courage,
tous les rois de Perse.

§. V. *Bras extrémement courts.*

Aristote écrit à Alexandre, que les bras extrêmement courts dénotent l'homme qui aime la
discorde et l'ignorance. Suivant Polémon, quand
les bras sont tellement courts, qu'on est forcé en
mangeant d'aller au-devant des mains avec la
tête, ils annoncent l'homme malveillant, envieux
et qui se réjouit des maux de ses semblables ;
Rhasès dit que les bras fort courts désignent
l'homme timide et qui se plaît à faire mal. On lit

dans Albert que quand les bras se terminent à la cuisse, ils indiquent l'homme de mauvaise volonté, envieux et prenant plaisir au mal d'autrui: c'est aussi un signe de fainéantise.

§. VI. *Bras très-veineux.*

Polémon donne au portrait du luxurieux des bras dont les veines sont très-apparentes.

ARTICLE III.

DES MAINS.

Nous allons d'abord nous occuper des mains d'une manière générale, ensuite nous parlerons des doigts qui les terminent.

§. Ier. *Mains grandes, bien articulées et fortes.*

Aristote prévient, en parlant des pieds, dans sa physiognomonie, que ce qu'il en dit est applicable aux mains, avec lesquelles les pieds ont beaucoup de rapport ; ainsi lorsqu'il dépeint l'homme fort et l'homme courageux, avec des extrémités fortes et grandes, cela s'entend non seulement des extrémités supérieures, mais aussi des inférieures, et par conséquent des pieds et des mains qui appartiennent aux uns et aux autres. Polémon et Adamantius donnent aussi au portrait de l'homme fort les pieds et les mains

robustes et bien articulés. Les mains grandes,
bien articulées et fortes indiquent par conséquent
la force et le caractère mâle. Sfortia avait la main
ample, longue, forte, et si solidement articulée
qu'il pouvait rompre en deux un fer de cheval,
sans le secours d'aucun instrument. Sélim, fils
de Bajazet, avait la main large et les membres
forts : c'était un vaillant guerrier qu'aucun travail, soit du corps, soit de l'esprit, ne rebutait.

§. II. *Mains petites, grêles et mal articulées.*

Les mains petites, grêles et mal articulées sont,
suivant l'opinion d'Aristote, d'un aspect agréable
et désignent l'homme efféminé ; le même auteur
donne au portrait de l'homme faible les membres
débiles, et dépeint le timide avec les mains grêles
et longues. Polémon et Adamantius en font autant,
d'après Aristote.

§. III. *Mains délicates et molles.*

Ce que nous allons dire des mains délicates et
molles s'entend de ce que disent Aristote et les
autres physionomistes de la chair, parce que les
autres parties du corps étant couvertes de vêtemens, c'est aux mains que le physionomiste a
recours, lorsqu'il veut juger des caractères qui
ne s'acquièrent qu'au moyen du toucher. Aristote

dit, dans son livre des animaux, que ceux qui ont la chair dure ont l'esprit inepte, et que ceux qui l'ont molle ont l'esprit distingué. Le même auteur dit dans sa physiognomonie, que la chair douce dénote l'homme ingénieux, et que la dure et de bonne constitution dénote l'homme insensible, à moins que cela ne s'observe sur un corps robuste et qui ait les extrémités grandes ; et dans le portrait de l'ingénieux il lui donne la chair un peu humide, molle et la peau fine : Galien et Rhasès disent que la peau fine dénote un corps tempéré. Polémon et Adamantius regardent les mains délicates et molles comme un témoignage d'un excellent génie, et dans le portrait de l'homme ingénieux ils lui donnent la peau molle et médiocrement délicate.

§. IV. *Mains dures et trop charnues.*

Il résulte de ce que nous avons dit, sur Aristote, dans l'article précédent, que cet auteur regarde les mains dures et trop charnues comme un signe de peu d'esprit. De là cette raillerie de Plaute dans ses comédies : *Meus herus elephanti corio circumtectusnonsu' est;nequeplushabetsapientiæ, quam lapis.* Voilà pourquoi aussi les Grecs appellent les hommes qui ont l'esprit grossier, *grosses peaux.*

§. V. *Mains fort courtes.*

Polémon et Adamantius, et d'après eux Conciliator, disent que les mains fort courtes sont un signe de folie.

§. VI. *Mains grosses.*

Les mains grosses, selon Adamantius, sont un signe de méchanceté ; mais le texte de Polémon est vicieux.

§. VII. *Mains étroites et grêles.*

Selon Polémon, les mains étroites et grêles dénotent l'homme infidèle ; Adamantius dit qu'elles dénotent l'homme adonné au vol. Conciliator dit assez mal à propos que celui qui a les mains étroites et grêles est irascible et stupide.

§. VIII. *Mains fort petites.*

Ceux qui ont les mains fort petites , disent Polémon et Adamantius, sont rusés et se plaisent au larcin.

§. IX. *Mains grêles et torses.*

On lit dans Adamantius que l'homme qui a les mains grêles et torses est gourmand et s'amuse à des bagatelles. Polémon ne parle pas de ce signe. Conciliator dit, d'après Albert, que les mains grêles et torses sont un signe de gourmandise et de beaucoup de babil.

§. X. *Mains et doigts longs.*

Aristote dit à Alexandre, en parlant des meilleures qualités des mains, que celles qui sont longues et dont les doigts sont également longs, dénotent l'homme habile dans plusieurs arts, particulièrement dans les arts mécaniques, sage dans ses actions et de bon régime. Conciliator dit la même chose, d'après Aristote.

§. XI. *Mains couvertes de poils.*

Scot regarde les mains couvertes de poils comme un signe de luxure; c'est aussi ce que l'expérience nous a démontré.

§. XII. *Articulations des mains fortes.*

Polémon et Adamantius donnent au portrait de l'homme ingénieux les articulations des mains et des pieds très-fortes.

§. XIII. *Articulations des mains, longues, grosses et rudes.*

Polémon, en donnant une très-mauvaise forme à la main du fat insensé, dit que ses articulations sont rudes, grosses et longues; Adamantius, au lieu de parler des articulations, parle des extrémités grosses et rudes. Nous sommes de l'avis de Polémon.

§. XIV *Mouvemens des mains languissans et faibles.*

Aristote, dans sa physiognomonie, en faisant le portrait de l'impudique, lui donne les mouvemens des mains languissans et faibles ; Polémon lui donne les mains dénouées.

§. XV. *Frottement des mains.*

Dans le portrait de l'avare, Polémon et Adamantius disent qu'il se frotte souvent les mains.

§. XVI. *De ceux qui, en parlant, agitent le corps et les mains.*

Aristote écrit à Alexandre, que celui qui, en parlant, agite souvent son corps et ses mains, est immonde, éloquent et trompeur ; Albert dit la même chose, d'après Aristote. Mais l'homme qui remue ainsi son corps et ses mains en parlant leur paraît plutôt babillard qu'éloquent.

§. XVII. *De ceux qui parlent sans agiter les mains.*

Aristote, écrivant à Alexandre, et d'après lui Albert, disent que celui qui, en parlant, n'exerce aucun mouvement avec ses mains, est doué d'une bonne intelligence et donne de bons conseils.

DES DOIGTS.

§. Ier. *Doigts gros et courts.*

Les doigts gros et courts, dit Aristote à Alexandre, sont un signe de folie ; Polémon, à la fin de son ouvrage, dit que les doigts courts et gros, tant des mains que des pieds, indiquent la balourdise et la stupidité. Suivant Albert, les doigts petits et gros dénotent l'homme envieux, farouche et hardi.

§. II. *Doigts courts et grêles.*

On lit dans Albert, que les doigts courts et grêles sont un signe de folie.

§. III. *Doigts longs, mous et distans les uns des autres.*

Polémon donne au portrait de l'ingénieux les doigts simples ; Adamantius les lui donne mous, longs et séparés les uns des autres. Pline, en décrivant les pies, dit que celles qui apprennent le mieux à parler ont cinq doigts aux pieds. Dares le Phrygien, écrit que Polixène avait les doigts fort longs, et qu'elle était d'une ame sans détour, prodigue et somptueuse.

§. IV. *Doigts renversés en arrière.*

Suivant Scot, l'homme qui a les doigts courbés en arrière est libéral, officieux et doué de beaucoup d'intelligence. Nous avons remarqué que cela n'est pas éloigné de la vérité, et ce que l'expérience nous a souvent démontré, le raisonnement le prouve aussi; car on voit que ceux qui présentent le signe contraire, c'est-à-dire qui ont les doigts courbés en dedans, sont avares et avides de butin; la même chose s'observe dans les oiseaux de proie, tels que l'autour, l'aigle, le faucon, l'épervier, lesquels ont tous les serres extrêmement crochues; et de cette observation le raisonnement tire cette induction, que les doigts renversés en arrière sont le symbole de la libéralité même.

§. V. *Doigts au nombre de six ou de quatre.*

Ceux qui ont six doigts aux mains, comme ceux qui n'en ont que quatre, doivent être soupçonnés de dépravation de mœurs, de même que les boiteux et les bossus, parce que cette disposition est contraire à l'ordre naturel. On rapporte que Volcatius Sedigitus, très-habile poëte, était surnommé *Sedigitus*, parce qu'il avait six doigts à chaque main. Les filles d'Horace étaient aussi surnommées *Sedigitæ* pour la même raison.

§. **VI.** *De ceux qui agitent leurs doigts en parlant.*

Ceux qui en parlant agitent les doigts, sont d'un caractère véhément. Socrate avait cette habitude ; il se tirait aussi quelquefois les cheveux, ce qui devait être attribué à la véhémence de son discours , comme l'a fort bien remarqué le physionomiste Zopire.

CHAPITRE II.

Des signes qui se tirent des membres inférieurs.

Les membres inférieurs nous offrent à considérer, 1°. les hanches avec lesquelles la cuisse est articulée, 2°. les fesses, 3°. les cuisses, 4°. le genou, 5°. les jambes, 6°. les mollets, 7°. les pieds. Nous allons examiner rapidement les signes que ces diverses parties nous présentent ; ensuite nous parlerons de la démarche, laquelle appartient spécialement aux membres inférieurs.

ARTICLE PREMIER.

DES HANCHES.

§. **I.** *Os des hanches saillans en dehors.*

Rhasès, et après lui Conciliator, disent que les

os des hanches saillans, en dehors, désignent la force et la virilité.

§. II. *Os des hanches grêles.*

L'homme qui a les hanches grêles, suivant les mêmes auteurs, est amoureux des femmes; ils ajoutent que ce signe dénote aussi la débilité et la crainte.

ARTICLE II.

DES FESSES.

§. I. *Fesses grasses.*

Aristote dit dans sa physiognomonie que ceux qui ont les fesses charnues et grasses sont mous et efféminés; les femmes les ont excessivement grasses, comme le remarquent Polémon et Adamantius. Conciliator et Albert adoptent l'opinion d'Aristote

§. II. *Fesses dures et pointues.*

Les fesses dures et pointues, dit Aristote dans sa physiognomonie, sont un signe de force; le même auteur, dans le portrait de l'homme fort, lui donne les fesses contractées; Polémon et Adamantius disent que les fesses dures désignent le caractère mâle, et ils les donnent telles au portrait de l'homme fort. Suivant Conciliator et Albert, l'homme dont les fesses sont fermes, dures, est fort, de grand cœur, bon guerrier, et ressemble au lion.

§. III. *Fesses ridées, peu charnues et comme desséchées.*

Polémon et Adamantius disent que l'homme dont les fesses sont modérément charnues, ridées et comme desséchées, est plein de malice, et ils le comparent au singe. On lit la même chose dans Conciliator et dans Albert.

ARTICLE III.

DES CUISSES.

§. I. *Cuisses fortes tant en os qu'en muscles.*

L'homme qui a les cuisses fortes tant en os qu'en muscles, dit Aristote dans sa physiognomonie, est doué d'un caractère mâle et de beaucoup de force.

§. II. *Cuisses molles et mal articulées.*

Ceux qui ont les cuisses molles et mal articulées sont efféminés, et on peut les comparer aux femmes ; mais ici le texte d'Aristote est vicieux. Polémon et Adamantius parlent des jambes et des cuisses en même temps, et disent que quand elles sont molles et mal articulées, elles désignent une grande faiblesse. Les mêmes auteurs donnent les cuisses grosses au portrait du fat méchant ; les femmes ont ordinairement les cuisses plus grosses que les hommes.

§. III. *Cuisses médiocrement charnues.*

Polémon et Adamantius donnent les cuisses médiocrement charnues au portrait de l'homme ingénieux.

§. IV. *Cuisses courtes.*

Les cuisses courtes dénotent l'homme malveillant, envieux et qui se réjouit du mal d'autrui ; c'est le sentiment de Polémon. Sélim, fils de Bajazet X, empereur des Turcs, avait la taille fort haute, mais les cuisses courtes ; il conservait le plus vif ressentiment des injures qu'il recevait, était d'un caractère perfide et se livrait à des débauches contraires au but de la nature.

§. V. *Cuisses et lombes couverts de poils.*

Suivant Polémon et Adamantius, les cuisses et les lombes couverts de poils, les autres parties du corps n'étant pas velues, désignent l'homme enclin à la luxure.

ARTICLE IV.

DES GENOUX.

§. I. *Genoux gros.*

Aristote écrit à Alexandre que l'homme qui a les genoux gros se distingue par la débilité et la mollesse, et il le compare aux femmes.

§. II. *Genoux saillans en dedans.*

Selon l'opinion de Polémon, les genoux saillans en dedans. (Adamantius ajoute, et heurtant l'un contre l'autre) dénotent l'homme efféminé et adonné aux femmes. Conciliator et Albert disent la même chose.

§. III. *Des genoux qui craquent.*

Aristote dit dans sa physiognomonie que ceux dont les genoux font entendre une espèce de craquement lorsqu'ils marchent, sont impudiques. Polémon et Adamantius donnent, d'après Aristote, au portrait de l'impudique des genoux qui font entendre un bruit semblable à celui que font les mains dont on tiraille les articulations.

ARTICLE V.

DES JAMBES.

Nous allons d'abord considérer les jambes dans leur entier, ensuite nous parlerons de leurs mollets.

§ I⁺. *Jambes fortes, musculeuses et bien articulées.*

Aristote dit dans sa physiognomonie que ceux dont les jambes sont robustes, musculeuses et bien articulées, ont un caractère mâle et sont doués de beaucoup de force; le même auteur écrit à Alexandre que la grosseur des jambes est un signe de hardiesse et de force. On lit dans Polémon et Adamantius que ceux qui ont les jambes bien articulées, solides et grandes, sont doués d'une grande générosité. Ces mêmes auteurs donnent les jambes charnues au portrait de l'homme fort. Homère en dépeignant Ulysse, dit:

> . . . . . Cruribus, et tibiis, et ambabus manibus,
> . . . . . Cerviceque forti, magnoque robore.

Jovius dépeint Sfortia avec les jambes fort grosses et arrondies principalement vers le mollet; il était doué d'une grande force et d'un rare courage.

§. II. *Jambes mal articulées et molles.*

Ceux qui ont les jambes mal articulées et molles, sont, suivant Polémon et Adamantius, timides et faibles. Conciliator dit d'après ces auteurs, que les jambes molles dénotent un caractère efféminé; Diogène rapporte que Zénon Cutieius les avait enflées, débiles et infirmes.

§. III. *Jambes fort grêles.*

Les jambes fort grêles, disent Polémon et Adamantius, sont un signe de timidité et de méchanceté. Aristote, dans le portrait du timide, lui donne les jambes grêles : en effet, si la grosseur des jambes dénote la force, lorsqu'elles sont grêles, elles doivent, par opposition, être un signe de timidité et de faiblesse. C. Caligula avait les jambes grêles, et était extrêmement timide.

§. IV. *Jambes grêles et dont les muscles sont très-apparens.*

Aristote dit, dans sa physiognomonie, que l'homme qui a les jambes grêles, et dont les muscles sont très-apparens, est luxurieux et tient de la nature des oiseaux; Polémon et Adamantius disent qu'il est d'une immodestie et d'une intempérance excessive; mais Polémon dépeint le luxurieux avec les jambes faibles , et dont les muscles sont très-apparens , et le compare aux oiseaux ; suivant Conciliator , de semblables jambes annoncent un grand penchant pour les plaisirs de Vénus ; Diogène rapporte qu'Aristote avoit les jambes fort grêles et qu'il était très-adonné à la luxure ; telles étaient aussi les jambes de Caligula ; Suétone rapporte que l'Empereur Domitien avait les jambes si grêles , qu'elles en étaient difformes. Nous avons connu beaucoup de personnes dont les jambes étaient excessivement grêles , et qui étaient immodérément adonnées à la lubricité.

§. V. *Jambes grosses vers leur articulation inférieure.*

Aristote, dans sa physiognomonie , donne au portrait de l'homme grossier les jambes grosses , charnues et rondes autour de leur emboiture ; les successeurs d'Aristote ont emprunté de lui ce qu'ils disent de ce signe. Conciliator dit que les jambes et les chevilles grosses et mal constituées dénotent l'homme hébêté et sans honte.

§. VI. *Jambes velues.*

Aristote dit dans sa physiognomonie que celui qui a les jambes velues est impudique, il le compare au bouc. Dans ses problèmes , il remarque aussi que les hommes velus, et les oiseaux, sont les plus

15

enclins aux plaisirs sensuels. Suivant Polémon et Adamantius, ce sont les lombes et les cuisses velues et non les jambes qui sont un signe de luxure; ces mêmes auteurs, à l'article où ils parlent du poil, donnent les jambes couvertes de poils épais et un peu longs à ceux qui ont le caractère grossier et rustique ; et Polémon donne au portrait du luxurieux les jambes velues. Albert, fondé sur l'opinion de Loxus, dit que le corps velu appartient à l'homme indocile et farouche.

§. VII. *Des boiteux.*

Aristote, dans son livre des problêmes, dit que les boiteux sont adonnés à la lubricité ; personne ne doute que les boiteux ne soient méchans, par cela même qu'il existe un vice dans leur constitution physique : de là cette maxime des médecins : *non est tam bona complexio, quasi membro aliquo decuretur suum statum in pejus non mutet.* Voilà pourquoi Aristote donne pour précepte à Alexandre de se défier de l'homme qui a quelque membre difformo , autant que d'un ennemi Cependant il est des exemples de personnes qui , quoiqu'ayant quelque difformité dans les jambes, ont été recommandables par leur vertu ; Socrate avait les jambes courbées en dehors ; Androclites de Sparte était boiteux : comme il s'était rangé parmi les combattans, un d'eux à qui il semblait trop faible pour résister aux ennemis, l'ayant engagé à se retirer, il lui répondit : *in aciem ingredi eos oportere qui de prælio cogitus non de fugâ.*

ARTICLE VI.

Du Mollet ou gras de la Jambe.

§. I. *Mollet fort gros.*

On lit dans Aristote que celui qui a le mollet excessivement gros a perdu toute espèce de honte, et qu'il est détestable. Polémon et Adamantius disent, après lui, que les jambes dont le mollet est fort gros dénotent l'homme détestable, sans honte et luxurieux. Conciliator dit qu'elles dénotent l'homme flatteur, intempérant et luxurieux ; suivant Albert, elles indiquent l'homme qui a les mœurs serviles.

§. II. *Mollet contracté de haut en bas.*

Le mollet contracté de haut en bas désigne l'homme fort. Aristote donne de semblables mollets au portrait de l'homme fort. Léodamas juge par ce signe, entre plusieurs autres, de la force d'Ulysse, comme on peut le voir dans Homere.

§. III. *Mollet qui s'amincit de bas en haut.*

Le mollet qui s'amincit de bas en haut, dit Aristote dans sa physiognomonie, par opposition au signe précédent, indique la timidité, et il donne de semblables mollets au portrait du timide.

§. IV. *Mollet mou.*

Selon l'opinion d'Albert, l'homme qui a le mollet mou est efféminé, et peut être comparé aux femmes.

§. V. *Mollet de grosseur et de solidité m diocres.*

Lorsque le mollet est d'une grosseur et d'une solidité médiocres, il annonce un très-bon esprit.

ARTICLE VII.

DES PIEDS.

Nous allons jeter un coup-d'œil rapide, 1°. sur les pieds, considérés d'une manière générale ; 2°. sur les talons, qui en forment l'extrémité postérieure ; 3°. sur les orteils, qui les terminent extérieurement ; 4°. enfin, sur leurs ongles.

DES PIEDS CONSIDÉRÉS GÉNÉRALEMENT.

§. Ier. *Pieds bien conformés, grands, bien articulés et musculeux.*

Ceux qui ont les pieds bien conformés, grands et musculeux, dit Aristote dans sa physiognomonie, sont doués d'un grand cœur et d'un caractère viril. Mais, selon Polémon et Adamantius, si les pieds sont nerveux et bien articulés, ils dénotent l'homme insigne en noblesse d'extraction et de mœurs; les mêmes auteurs donnent au portrait du fort les pieds bien articulés. Conciliator dit qu'ils annoncent une ame grande, généreuse et mâle. On lit la même chose dans Albert. Darès le Phrygien rapporte que Polyxène avait les pieds de très-bonne constitution, et que son ame était sans détour et élevée.

§. II. *Pieds petits, grêles et mal articulés.*

Aristote dit dans sa physiognomonie, que ceux qui ont les pieds petits, grêles et mal articulés, ont l'ame molle, et tiennent du naturel des femmes. Suivant Adamantius, si les pieds sont tendres et un peu charnus, ils annoncent l'homme d'un caractère un peu mou et efféminé; mais Polémon dit qu'il faut pour cela qu'il existe d'autres signes convenables à ce caractère. Rhasès et Conciliator disent que les pieds petits et beaux désignent l'homme jovial et adonné à la lubricité. Homère donne des pieds semblables à Télémaque.

§. III. *Pieds charnus et gros.*

Les pieds charnus et gros, dit Aristote à Alexandre, dénotent l'homme fou et injurieux. Polémon et Adamantius dépeignent le fat méchant, avec les mains et les pieds gras et durs. Rhasès et Conciliator disent que les pieds charnus et durs dénotent la nonchalance et l'esprit dépravé. Aristote remarque que le chameau et l'ours ont les pieds charnus, et qu'ils sont lourds, stupides et pernicieux.

§. IV. *Pieds petits et grêles.*

Aristote écrit à Alexandre que les pieds petits et grêles sont un signe de hardiesse et de force. Polémon et Adamantius disent qu'ils dénotent l'homme rusé et trompeur. Suivant Albert, les pieds grêles et courts indiquent la malice.

§. V. *Pieds dont les articulations sont solides.*

Polémon et Adamantius donnent au portrait de l'homme ingénieux, les jointures des mains et des pieds fortes, ni trop saillantes, ni trop déprimées, mais bien constituées.

§. VI. *Pieds courts et gros.*

Les mêmes auteurs disent que ceux qui ont les pieds gros et fort courts, comme s'ils étaient mutilés, sont natuellement inhumains. Suivant Albert, les pieds gros et fort courts dénotent l'homme farouche, approchant du caractère des bêtes sauvages.

§. VII. *Pieds longs.*

Les pieds un peu longs dénotent , uivant Polémon et Adamantius, l'homme qui machine quelques mauvaises actions. Conciliator et Albert disent que les pieds fort longs sont un signe de fraude et de méchanceté. Plaute donne au trompeur, qu'il dépeint, le corps grand , vaste et les pieds grands.

§. VIII. *Pieds voûtés.*

Polémon et Adamantius disent que les pieds voûtés dénotent l'homme de mauvaises mœurs. Mais Adamantius, dans le portrait de l'homme efféminé, lui donne les pieds voûtés.

§. IX. *Pieds plats.*

Aristote dit dans son livre des animaux, que ceux qui ont les pieds plats sont rusés et frauduleux. Polémon et Adamantius adoptent son opinion, et ajoutent qu'ils tiennent du caractère du renard. Albert dit la même chose, d'après cet auteur. On rapporte que Plaute avait les pieds plats, et que c'est de là qu'est dérivé son nom.

DES TALONS.

§. Ier. *Talons solides et bien articulés.*

On lit dans la physiognomonie d'Aristote, que ceux qui ont les environs des talons solides et bien articulés sont doués d'un grand cœur et d'un naturel viril. Ce même auteur écrit à Alexandre, que la largeur des talons dénote la force du corps. Polémon et Adamantius disent que les talons solides et bien articulés dénotent l'homme généreux, et ils donnent au portrait de l'homme fort et à celui de l'homme ingénieux les talons robustes.

§. II. *Talons charnus et mal articulés.*

Celui qui a les talons charnus et mal articulés, dit Aristote dans sa physiognomonie, a le cœur mou et tient du caractère des femmes; Adamantius, son interprète, dit que les talons mous et deux dénotent l'homme efféminé.

§. III. *Talons fort grêles.*

Suivant Adamantius les talons fort grêles dénotent l'homme timide et intempérant. Mais Polémon dit qu'ils dénotent l'homme frauduleux, et c'est une erreur. Rhasès, et après lui Albert, regardent les talons grêles comme un signe de crainte.

§. IV. *Talons gros et rudes.*

Suivant Polémon et Adamantius, les talons gros et rudes annoncent un homme fou et furieux. Albert dit qu'ils sont un signe d'un esprit insensé.

ARTICLE VIII.

DES ORTEILS.

§. Ier *Orteils courbés.*

Ceux dont les orteils sont courbés sont sans honte, et ressemblent aux oiseaux dont les ongles sont crochus, tels que les corbeaux, les étourneaux, etc. lesquels sont impudens.

§. II. *Orteils conjoints.*

Polémon dit que ceux dont les orteils sont adhérens et conjoints sont timides, et ressemblent aux oiseaux de marécage (1), dont les doigts sont réunis par une membrane. Adamantius dit qu'ils

(1) Les palmipèdes.

sont envieux. Nous avons connu plusieurs personnes qui étaient extrêmement timides, et dont les orteils étaient réunis par une membrane.

§. III. *Orteils resserrés.*

Celui dont les orteils sont resserrés, dit Polémon, est rusé et de très-mauvaises mœurs ; Adamantius ajoute qu'il est avare. Conciliator et Albert disent que les orteils resserrés et amoncelés désignent l'homme avare et malin.

§. IV. *Orteils peu distans.*

Suivant Albert, l'homme dont les orteils sont peu éloignés l'un de l'autre, est léger d'esprit et babillard.

§. V. *Orteils courts et fort grêles.*

Adamantius remarque que les orteils courts et grêles dénotent l'homme de peu d'intelligence. Conciliator dit qu'ils sont un signe de folie.

§. VI. *Orteils courts et gros.*

Les orteils courts et gros dénotent, suivant l'opinion de Polémon et d'Adamantius, l'homme téméraire, imprévoyant et de naturel farouche; Aristote écrit à Alexandre qu'ils appartiennent à l'homme fort et lourdement stupide.

§. VII. *Orteils longs et grêles.*

Les orteils longs et grêles désignent, selon Adamantius, un esprit fort grossier et lourd ; Polémon ajoute qu'ils dénotent l'homme babillard et hâbleur. Conciliator dit que celui dont les orteils sont longs et grêles n'a pas reçu la sagesse en partage.

§. VIII. *Orteils modérément grands et bien proportionnés.*

Les orteils de grandeur modérée et bien proportionnés, annoncent l'homme doué de très-bonnes mœurs. C'est le sentiment de Polémon, d'Adamantius, de Conciliator et d'Albert.

DES ONGLES.

§. I. *Ongles crochus.*

Aristote dit dans sa physiognomonie, que ceux qui ont les ongles crochus sont impudens et ressemblent aux corbeaux, lesquels joignent à leur impudence un grand penchant au vol. Polémon et Adamantius, d'après l'autorité d'Aristote, disent que les ongles crochus dénotent l'homme impudent et adonné au larcin. On lit la même chose dans Albert.

§. II. *Ongles étroits, longs et crochus.*

Suivant Polémon et Adamantius, les ongles étroits, longs et crochus dénotent l'homme peu sensé et d'un caractère sauvage. Aussi les ingénieux n'ont pas les ongles étroits.

§. III. *Ongles ronds.*

Polémon et Adamantius disent que les ongles ronds dénotent l'homme adonné à la lubricité ; c'est aussi l'opinion d'Albert.

§. IV. *Ongles courts.*

Les ongles fort courts, suivant les mêmes auteurs, dénotent l'homme rusé, lequel peut être comparé au singe.

ARTICLE IX.

DE LA DÉMARCHE.

§. Ier. *De ceux qui marchent à pas longs.*

Aristote, dans sa physiognomonie, et après lui Adamantius, disent que ceux qui marchent à pas longs, mettent beaucoup de soin et d'exactitude dans leurs affaires, et sont doués d'un grand cœur. Albert dit la même chose.

§. II. *De ceux qui marchent à pas lents.*

Ceux qui marchent à pas lents sont pensifs. Aristote dit, dans sa physiognomonie et dans ses morales, que la démarche lente convient à l'homme de cœur, et il donne aux portraits de l'homme gai et du modeste le mouvement tardif; Polémon et Adamantius donnent aussi ce caractère aux mêmes portraits. La démarche lente sied bien aux dames. C'est pourquoi Apulée, en dépeignant Vénus, dit qu'elle marchait à pas lents. Mais les mouvemens fort lents dénotent une ame molle, comme le remarque Aristote dans sa physiognomonie. Albert dit que la démarche lente est un signe de paresse, à moins que des signes plus puissans n'ôtent la valeur de celui-ci.

§. III. *De ceux qui marchent à pas longs et lents.*

Aristote écrit à Alexandre, que celui qui marche à pas longs et lents est heureux dans toutes ses entreprises.

§. IV. *De ceux qui marchent vite.*

Les mouvemens prompts dénotent l'esprit chaud, dit Aristote dans sa physiognomonie, au chapitre de la démarche; il dit que la vitesse du pas dénote l'homme expéditif. Le même auteur donne au portrait de l'homme sans honte les mouvemens prompts.

§. V. *De ceux dont les pas sont courts.*

Aristote dans sa physiognomonie, et après lui Adamantius, regardent les pas courts comme un signe de paresse et de lâcheté. Suivant d'autres auteurs ils dénotent l'homme avare, adonné au larcin et qui machine secrètement des complots. Aristote écrit à Alexandre, que l'homme dont les pas sont courts est impétueux, rempli de soupçons, impuissant dans ses actions et de mauvaise volonté.

§. VI. *De ceux dont les pas sont courts et prompts.*

Aristote dit, dans sa physiognomonie, que l'homme dont les pas sont vifs et courts est lent dans ses actions, paresseux et ennuyeux. Suivant Adamantius il est avide de gain, médisant et très-craintif. Albert dit, dans sa mauvaise interprétation, qu'il est malin, faible et timide.

§. VII. *De ceux dont les pas sont tantôt prompts, tantôt lents.*

Salluste blâme, dans Catilina, sa démarche tantôt prompte, tantôt lente; on conjecturait de là que son esprit était inconstant, dissimulé et rempli de toutes sortes de méchancetés. Polémon et Adamantius donnent au dissimulé une démarche qui prend aisément toutes les formes.

§. VIII. *De ceux dont les pas sont courts et lents.*

Ceux dont les pas sont courts et lents, dit Aristote dans sa physiognomonie, ne sont pas expéditifs, sont paresseux et ennuyeux.

§. IX. *De ceux qui marchent à pas longs et prompts.*

Ceux qui marchent à pas longs et prompts ne sont pas ennuyeux et sont expéditifs. Adamantius dit que la promptitude, et la grace de la démarche annoncent l'homme de bon conseil, et qui met la dernière main aux ouvrages qu'il entreprend; la belle démarche, dit Ambroise dans le premier livre de ses offices, est celle qui a quelque chose de noble, dont le pas est grave et tranquille. Héraclite avait la démarche et le mouvement vénérables; aussi était-il doué d'un excellent esprit et de beaucoup de talent.

§. X. *De ceux qui marchent lentement, et s'arrêtent en chemin pour regarder çà et là.*

Suivant Adamantius, celui qui marche lentement, s'arrête en chemin et regarde de côté et d'autre, est superbe, injurieux et adultère; Albert dit la même chose.

§. XI. *De ceux qui marchent en tournant les pieds et les jambes.*

Ceux qui marchent en tournant les pieds et les jambes, dit Aristote dans physiognomonie, ont le caractère efféminé. Adamantius donne ce caractère à ceux qui remuent tout leur corps en marchant.

§. XII. *De ceux qui tiennent leur corps droit en marchant.*

Aristote, dans le portrait de l'homme fort et prompt à se mettre en colère, dit qu'il tient son corps droit en marchant. Polémon et Adamantius donnent la même attitude au portrait de l'homme fort et à celui de l'ingénieux. Scot dit que ceux dont le corps est droit sont hardis.

§. XIII. *De ceux qui en marchant ont le corps penché en avant.*

Aristote, dans le portrait du timide, du honteux et du doux, leur donne le corps penché en avant lorsqu'ils marchent. Polémon et Adamantius donnent cette attitude au portrait du timide et à celui du fat.

§. XIV. *De ceux qui en marchant ont le corps penché à droite.*

Ceux qui en marchant ont le corps penché à droite, dit Aristote dans sa physiognomonie, sont impudiques. Adamantius dit qu'ils sont efféminés.

§. XV. *De ceux qui en marchant ont le corps penché à gauche.*

Suivant Adamantius, ceux qui en marchant ont le corps penché à gauche, sont dépourvus de sagesse ; Albert dit qu'ils sont fous.

———

QUELQUES CONSIDÉRATIONS SUR LA STATURE, SUR LES CORPS BIEN OU MAL PROPORTIONNÉS, SUR CEUX QUI SONT COUVERTS DE POILS ET CEUX QUI EN SONT DÉPOURVUS.

§. Ier. *Taille fort petite.*

Aristote dit dans sa physiognomonie que ceux qui ont la taille fort petite mettent beaucoup de précipitation dans leurs actions. Aphrodisée remarque que ceux qui ont une petite taille sont souvent plus prudens que ceux d'une grande taille. Avicenne dit que la nature dédommage l'esprit du peu de développement qu'elle a donné souvent au corps. On remarque, en effet, que les animaux qui ont un petit corps sont doués de beaucoup d'esprit, telles sont les abeilles, les fourmis, les araignées, etc. Aristote recommande à Alexandre de ne pas mépriser les hommes de petite taille, parce qu'ils sont souvent doués de sagesse et de très-bonnes mœurs. L'histoire fait mention de plusieurs personnages de petite taille, qui ont été recommandables par leur génie et leurs qualités morales. Agésilaüs avait la taille petite et la forme du corps désagréable; mais il était doué d'un cœur impérieux, d'un esprit excellent, d'un caractère gai ; il aimait la justice, et joignait à ces belles qualités l'amour de son peuple. Alexandre-le-Grand avait la taille médiocre, et l'on n'a qu'à le nommer pour faire son éloge. Horace avait le corps d'une petite taille et gros.

§. 11. *Taille fort grande.*

Aristote dit dans sa physiognomonie, que ceux qui ont la taille fort grande sont lents et fort timides, et il les compare aux autruches. La grue est aussi un oiseau d'une grande stature et fort timide, comme le remarque Eustathius. Homère dépeint Ajax avec la taille excessivement haute, et le nomme *Excelsus Ajax Græcorum murus capite superem inens Græcos.* Dans le même auteur, Ulysse reproche aussi à Euryalus de n'avoir dans son grand corps qu'un esprit insensé :

Si membra tibi dant grandia Parcæ.
Mentis eges.

C. Caligula était d'une taille prodigieuse , avait le corps velu comme celui d'une bête sauvage , des jambes grêles , qui souvent ne pouvaient le soutenir, quoique posées sur deux pieds d'une grandeur énorme.

§. 111. *Taille grande.*

Ceux qui ont la taille grande sont expéditifs et pourvus de bon sens ; ils ont aussi une grande force corporelle, sur-tout s'ils joignent à la hauteur de leur taille la dureté et la sécheresse de la peau. Aristote dit, dans sa physiognomonie et dans ses problêmes, que les hommes et les oiseaux de haute stature et dont la peau est dure et sèche sont très-forts. Chez les Grecs, Titormus , bouvier, comme le rapporte l'histoire, était doué d'une force extraordinaire ; Milon-Crotoniate, qui croyait qu'un homme grand ne pouvait rien faire, le rencontrant un jour, le pria de lui donner quelques preuves de son énergie ; Titormus fit rouler en différens sens une pierre si grosse que Milon ne pouvait la remuer de sa place : l'ayant ensuite levée sur ses genoux et de là sur son épaule, il se promena pendant quelque temps chargé de ce terrible fardeau ; il le jeta ensuite à terre, se rendit à son troupeau, prit par un des pieds de derrière le plus grand et le plus farouche des taureaux qui s'y trouvaient, et le retint avec fermeté sans se remuer de sa place, malgré les efforts que faisait l'animal furieux, pour se dégager de la main de Titormus.

On lit dans Plutarque, que Thésée avait une grande taille et une prestance qui répondait à l'excellence de son courage. Telle était aussi la taille d'Anténor, d'Agamemnon, de Nestor, de Pyrrhus, de Castor et Pollux, etc. Le même historien rapporte que Romulus était remarquable par la hauteur de sa taille et la beauté de sa prestance ; il dit la même chose de l'Empereur Domitien, de Cl. César et de C. César. Tibère, comme le rapporte Suétone, avait la taille grande et le corps robuste, les épaules et la poitrine larges, et ses autres membres bien proportionnés ; aussi était-il doué d'une force corporelle très-considérable. Godefroy de Bouillon, chef des Croisades, avait aussi une haute stature, un beau corps et bien proportionné dans toutes ses parties. On peut dire la même chose de Charlemagne, roi de France, de Mahomet II, Empereur des Turcs, de Tamerlan, Empereur des Scythes, etc.

§. IV. *Corps d'une taille médiocre et bien proportionné.*

Puisque la taille très-grande et la taille très-petite offrent quelque chose de défectueux , il s'ensuit que la médiocre, avec un corps bien proportionné , est la plus parfaite , sur-tout pour ce qui concerne les fonctions de l'entendement.

Aristote écrit à Alexandre , qu'il faut faire beaucoup de cas des hommes de moyenne taille et bien proportionnés dans toutes leurs parties. Polémon et Adamantius dépeignent l'ingénieux avec le corps d'une stature médiocre. Les anciens avaient coutume d'appeler *homme carré* , celui qui avait le corps d'une grandeur médiocre et bien proportionné dans toutes ses parties. Columelle, parlant des chiens, estime ceux dont la taille est carrée plutôt que grande ou petite. Homère et Dares le Phrygien , dans la description d'Ulysse, lui donnent un corps ferme et d'une taille médiocre , un esprit ingénieux , une grande sagesse , et une mâle éloquence. L'Empereur Auguste était d'une stature moyenne. Suétone rapporte que Vespasien avait la taille carrée, les membres bien proportionnés et forts. Plaute, dans sa comédie d'*Asinaria* , décrit Léonida , homme d'intrigue et d'intelligence , avec une taille moyenne.

§. V. *Corps mal proportionné.*

Ceux dont le corps est mal proportionné sont rusés et tiennent du naturel des femmes ; c'est ce que nous apprend Aristote dans sa physiognomonie.

§. VI. *Corps tout couvert de poils.*

Polémon dit que ceux qui ont le corps, tout couvert de poils rudes et épais, sont paresseux et lâches. Adamantius les compare aux bœufs. Aristote, dans son livre des problêmes, remarque que les oiseaux et les hommes velus sont adonnés à la lubricité, et dans sa physiognomonie, il donne au luxurieux, dont il fait la description, le corps velu. Caligula avait le corps tout couvert de poils, et nous avons déjà eu occasion de parler de sa lubricité. Marsias, qui était un vrai miroir de folie et qui eut l'effronterie de défier Apollon au chant, est décrit par les auteurs avec le corps velu.

§. VII. *Corps sans poils.*

Ceux dont le corps est entièrement dénué de poils sont débiles, et tiennent du naturel des femmes et des eunuques.

LIVRE II.

DESCRIPTIONS PHYSIOGNOMONIQUES DE L'HOMME, CONSIDÉRÉ SOUS LE RAPPORT DE SES QUALITÉS INTELLECTUELLES ET MORALES.

Nous avons étudié chaque signe, suivant qu'il se présentait, dans les diverses parties du corps humain; mais je n'ai point rempli entièrement mon but, qui est de donner une haute idée de la physiognomonie, et d'apprendre à bien connaître le naturel et les mœurs des hommes. Pour cela, je ne pouvais pas mieux faire que de le dépeindre, à l'exemple des anciens, d'après l'ensemble des traits qu'il présente, lorsqu'il a, à un haut degré, telle ou telle faculté intellectuelle ou telle ou telle qualité morale. Je commencerai par décrire l'homme juste, parce que la justice est la première de toutes les vertus, et qu'elle comprend toutes les autres.

§. I. *L'homme juste.*

L'homme juste a le corps bien proportionné, sa voix est belle, ferme et grave, ses yeux sont grands, élevés, un peu saillans, et présentent autour de la prunelle deux cercles, l'un noir assez étroit, l'autre comme enflammé et brillant; son front est ouvert et dirigé insensiblement vers les tempes; ses joues sont bien formées, ses cheveux ont une teinte obscure; il sourit facilement avec grace, il a un maintien facile, en un mot on ne voit, dans toute sa personne, rien qui exprime ni la gêne, ni la contrainte.

§. II. *L'injuste.*

L'homme injuste, au contraire, présente des yeux dont la couleur, la forme, et la direction sont fort étranges : les uns sont verdâtres, les autres de couleur noire; il y en a de rougeâtres, fixes et très-ouverts, d'autres abaissés, d'autres égarés et embrouillés, d'autres brillans et secs avec un front étroit. On voit des hommes injustes qui manifestent adroitement le plaisir et la douceur dans leur regard; mais ailleurs, sur le front, les joues, les sourcils et sur les lèvres, on distingue bientôt tous les caractères de l'inconstance et de la méchanceté.

§. III. *L'homme probe.*

Sa figure est belle, ses épaules grandes, sa poitrine large, sa respiration aisée et tranquille ; le nez est assez grand, bien proportionné au reste du visage ; les yeux sont grands et un peu enfoncés, ou bien ouverts, portant l'expression de la douceur ; il arrive quelquefois que les yeux ont quelque chose d'un peu triste, et qu'ils sont rapprochés des sourcils, tandis que le front, dans ce cas même, est un peu sévère ; mais tout cela, c'est avec ménagement.

§. IV. *L'homme sans probité.*

L'homme sans probité est remarquable par la laideur de son visage ; il a les oreilles longues et étroites, la bouche petite, prolongée en avant, les dents canines dirigées en dehors et dures ; sa manière de parler est prompte, brusque, désagréable, sur-tout lorsqu'il a la voix grêle, ou bien qu'il parle du nez et difficilement ; son cou est courbé en avant, et souvent même son dos l'est aussi ; ses jambes sont minces, ses pieds mal conformés, il a les yeux situés presque dans la longueur du visage, ou bien renversés vers la paupière supérieure et dirigés l'un vers l'autre, brillans comme le marbre poli, arides. Il y a des hommes sans probité qui ont les yeux vibrans comme s'ils allaient sortir de la tête, pâles, ou de couleur rouge et secs.

§. V. *L'homme de bonnes mœurs.*

Son front serein tient le milieu entre un trop grand calme et l'état ombrageux de la défiance ; son visage est bien proportionné, sa voix n'est ni trop élevée, ni trop basse, ni trop grêle ; il rit rarement ; ses yeux sont tantôt grands, élevés, peu saillans, bleus, attentifs, brillans, tantôt clairs, brillans et humectés.

§. VI. *L'homme fidèle.*

Il a les yeux ordinairement médiocres, de couleur bleue ou noire ; mais il arrive aussi que les yeux sont grands, brillans et attentifs. Quelquefois le regard de l'homme fidèle a quelque chose de triste, ses sourcils sont resserrés, son front est sévère, mais c'est sans excès.

§. VII. *L'infidèle.*

On lui remarque souvent une tête petite, sa figure est irrégulière, son maintien gêné, son front dur, couvert d'inégalités, ses épaules relevées vers sa tête ; ses mains étroites et grêles ; ses yeux petits, secs, enfoncés, ou bien obscurs et arides , ou bien encore obscurs et comme écailleux, quelquefois d'une extrême mobilité comme s'ils étaient agités.

§. VIII. *L'homme prudent.*

Son corps est petit, sa tête médiocre, renflée au sinciput et à l'occiput (telle était celle de *Périclès,*) son front carré , bien proportionné , la face médiocre avec un peu d'embonpoint, la langue libre dans ses mouvemens, la voix tenant le milieu entre le son grave et le son aigu, la lèvre supérieure un peu saillante, le cou incliné vers la droite, les épaules et la poitrine larges, ou bien la poitrine un peu resserrée, et le ventre sans ampleur, les mains et les doigts allongés sans gesticulation , les yeux tantôt grands , élevés , brillans, tantôt un peu abaissés et d'un homme qui médite. — Le propre de l'homme prudent est de s'assurer de tout ce qui est avantageux et utile pour lui, et pour les autres, dans toutes les circonstances de la vie; il veut le bien, c'est un sage conseiller.

§. IX. *L'imprudent.*

L'imprudent, au contraire, ne sait pas profiter des choses présentes; il juge d'ailleurs de tout fort maladroitement , son front est convexe

et haut, il marche ordinairement avec vitesse ;
aussi sa respiration est-elle souvent gênée, comme
il arrive à ceux qui viennent de faire une course.
Son attitude est irrégulière, sa tête est élevée et
son corps comme suspendu. Lorsqu'on surprend
des hommes de cette espèce, occupés à faire
quelque chose, on les voit trembler, ils baissent
la tête et se replient, pour ainsi dire, sur eux-
mêmes ; les uns sont grands, les autres petits,
mais en général ils sont d'un tempérament sec et
chaud ; les uns ont les yeux saillans, petits et
comme enflammés ; les autres, un peu obscurs,
rouges ou de couleur de sang, d'autres grands,
légèrement jaunes ; on en observe qui ont le regard tantôt abaissé, tantôt élevé, et qui soupirent.

§. X. *L'homme docile.*

La couleur de ses cheveux est blonde ou châ-
taigne ; il a le front un peu haut, les sourcils
grands sans excès, d'un dessin correct, les oreilles bien formées, la face un peu maigre, le cou
penché du côté droit, les épaules grandes, la
poitrine large et le ventre médiocre. Il rit peu,
ses mains en parlant sont immobiles, ses doigts
renversés en arrière, ses yeux sont médiocres et
tirent sur le bleu ou le noir : on en voit qui sont
bleus, grands, fixes et brillans ; d'autres sont
obscurs, humides, mais bien proportionnés, le
front est uni, sans rides.

§. XI. *L'homme indocile.*

Sa tête présente les deux extrêmes dans les proportions, ou bien elle est trop grosse, ou bien trop petite, la face est grande, le cou mou.

§. XII. *L'homme ingénieux.*

Il a le regard doux, les cheveux plats et un peu courts; les yeux ronds, d'une forme un peu circulaire, la tête médiocre et bien proportionnée, le cou un peu long, les épaules doucement inclinées, la voix claire, ni trop grosse, ni trop aiguë, les mains et les doigts un peu longs.

Le même, d'après Aristote, Polémon et Adamantius.

Si on examine l'état extérieur de son corps, il a un embonpoint médiocre, il n'est ni trop maigre, ni trop replet: autour des épaules et du cou on voit un peu plus de maigreur. Son visage, suivant *Polémon*, n'est ni trop replet, ni trop décharné, ses épaules, et ce qui l'entoure sont bien proportionnés ; autour des reins et de la poitrine, on ne voit pas de masses de chair, la couleur du corps est belle, en général, d'un blanc mêlé d'une légère nuance de rouge; mais, au jugement d'*Adamantius*, il y a des hommes ingénieux chez lesquels la couleur est jaunâtre et même jaune, la peau est mince, le poil n'est ni dur, ni roide, rarement noir: quant aux cheveux, ils tiennent le milieu entre l'état trop crépu et l'état trop droit, les yeux sont grands, ouverts et brillans, tout le corps est droit. Nous ajouterons à ces traits, les suivans: la langue libre dans ses mouvemens, la voix moyenne entre celle qui est trop élevée et celle qui est trop basse, la poitrine un peu maigre, les mains et les pieds bien articulés, un peu décharnés, les doigts longs, flexibles; les cuisses médiocrement charnues, les yeux un peu obscurs, humides, mais bien proportionnés, le dos un peu maigre.

Si j'essayais de dépeindre particulièrement le portrait de l'homme ingénieux, je lui donnerais les traits suivans: le front un peu haut et bien formé, les cheveux ni durs, ni trop droits, ni crépus, ni de couleur trop foncée, principalement noirs, les oreilles d'un dessin correct, la face un peu maigre avec de belles proportions, les sourcils grands, peu épais, mais bien dessinés, les yeux grands, élevés, brillans, le cou et les épaules minces et bien détachés, le ventre médiocre, peu d'embonpoint dans les cuisses et dans les côtés, une taille élevée et bien proportionnée, une belle couleur, les pieds et les mains bien articulés, libres dans leurs mouvemens, les doigts souples, un peu longs et bien séparés, la voix ni trop basse, ni trop forte.

§. XIII. *L'homme hébété.*

Les parties qui entourent le cou et les bras sont épaisses et charnues. On lit dans *Adamantius* que les cuisses de l'homme hébété sont caves à leur intérieur; je pense qu'il faut dire que c'est la tête qui est cave ou enfoncée à la partie postérieure, c'est-à-dire à l'occiput; car, comme nous l'avons remarqué à l'article de cette partie de la tête, c'est là un des principaux signes de l'homme hébété; le front est grand et arrondi, les yeux pâles, stupides, languissans comme les yeux de chèvre, les mâchoires grandes, le ventre très-ample, les jambes très-grosses, même par en bas, et courtes, ce qui est encore un des principaux signes de l'esprit grossier; toutes les articulations difformes et gênées dans leurs mouvemens, la couleur de la peau ordinairement blanche, mais aussi quelquefois noire. L'homme ingénieux a les doigts déliés, bien séparés, et libres dans leur mouvement: celui-ci, au contraire, a les doigts rassemblés et mal conformés.

§. XIV. *L'homme susceptible de sensation.*

Sa tête est ordinairement un peu grosse, le

sinciput est saillant et le front allongé, les oreilles assez grandes et presque carrées, il est d'un tempérament sec et chaud, il a le corps coloré, d'un embonpoint modéré, quelquefois un peu grand, quelquefois médiocre.

§. XV. *L'homme peu susceptible de sensation.*

Il a la tête très-petite et le sinciput enfoncé : il arrive aussi que la tête n'est pas absolument petite, mais alors le sinciput et l'occiput sont à la fois concaves, ce qui rétrécit beaucoup l'intérieur du cerveau, le front est rond et élevé, la face charnue et longue; l'extrémité du nez et même toute la partie dorsale grosse et désagréable, les joues saillantes, les mâchoires grandes, l'espace compris entre la base de la poitrine et l'ombilic plus long que celui qui sépare cette même base de la gorge, les ongles crochus et étroits, les bras charnus, les yeux lents dans leurs mouvemens.

§. XVI. *L'homme qui a de la mémoire.*

On lui observe généralement un tempérament sec; ses membres, sur-tout ceux qui occupent les parties supérieures, sont peu robustes, bien conformés, un peu charnus, sans embonpoint, car ce serait l'indice d'un esprit hébété : nous ajouterons qu'il a les oreilles un peu longues.

§. XVII. *L'homme qui n'a point de mémoire.*

Ses traits sont tout à fait opposés aux précédens, il a les parties supérieures très-grandes, etc.

§. XVIII. *L'homme pensif.*

L'homme pensif présente sur le front plusieurs rides, ordinairement relevées vers la partie supérieure; il a le cou un peu courbé en avant. Sa respiration est aisée et se fait sans bruit; sa démarche est lente et tardive.

§. XIX *L'insensé.*

Il a les yeux pâles et tremblans, ou bien fixes et humides, quelquefois obscurs, roulant dans leur orbite, comme égarés. On voit des insensés qui, lorsqu'ils ferment les yeux, relèvent le globe vers la partie supérieure, ce qui est fort laid à voir : en général les insensés ont les narines fort étroites et comme bouchées.

§. XX. *Le fou.*

Son visage a quelque chose de sinistre, il a le front large et grand, les oreilles assez grandes et droites, les joues un peu retirées, la lèvre supérieure assez grosse et dépassant la lèvre inférieure, la langue prompte, le rire fréquent, la voix aiguë

17

et souvent glapissante ; le cou entièrement droit,
ou bien penché soit en devant, soit de l'un ou de
l'autre côté ; les aisselles très-garnies de poils, les
mains très-courtes ; les yeux détournés vers la
droite, les pupilles dilatées.

§. XXI. *L'extravagant.*

On le reconnaît à la forme singulière de ses
yeux, qui sont saillans en dehors, et à la mauvaise configuration de sa bouche. Il a encore beaucoup d'autres traits qui conviennent également à
l'insensé et au fou.

§. XXII. *L'homme qui n'a point de sagesse.*

Sa face est charnue, ses lèvres sont grosses,
la parole difficile, le cou droit, allongé, le corps
habituellement incliné vers la gauche.

§. XXIII. *L'homme vigoureux et de grand cœur* (1).

Ses formes sont bien prononcées, ses épaules
et sa poitrine sont larges et robustes, couvertes

(1) Les *Mégalantropogénésiologues*..... et *les amateurs de l'art de
procréer les sexes à volonté*, peuvent profiter du passage suivant
de Porta.... Si sinistræ partis hominis semen in dextram mulieris
uteri partem illabitur, nascitur et mulier ; sed quia eo loco nata est,
ubi vir nasciturus erat, virilis erit mulier, robusta membra, visus
fuscedinem, vocem gravem, et interpidum animum habebit, etc.
Note du trad.

L'Homme vigoureux et de grand cœur.

de poils durs et épais. La couleur de son corps est foncée, le cou gros et ferme, les parties génitales contractées et dures, les mollets très-fermes, relevés vers la partie supérieure ; les sourcils épais, peu étendus; la voix grande, élevée, menaçante. Tels sont les traits qu'on trouve dans les auteurs ; nous leur ajouterons ceux que l'expérience nous a fait connaître : la tête un peu grosse, et l'occiput saillant, ou bien également conformée dans toutes ses parties avec une grosseur médiocre ; les oreilles assez grandes, carrées , le front carré, d'une juste grandeur, maigre, bien uni , le nez bien proportionné au visage, les narines un peu larges, les lèvres déliées, égales, et la bouche assez grande ; la voix grave et intense, ou bien grave et sonore ; la respiration forte et son souffle prompt et épais; les bras et les coudes robustes bien articulés , le dos large et robuste, le ventre assez large, mais contracté ; les mains grandes, articulées, tendineuses, d'une grande force , les yeux brillans, un peu lents dans l'état ordinaire , quelquefois mobiles , étincelans, de couleur noire ou même tannée , avec des cercles de nuances variées.

Le même, d'après Végétius.

Végétius, voulant faire connaître les jeunes gens, qu'il croyait les plus propres au service de la guerre, leur assigne les caractères suivans : les yeux vifs, le cou droit, les épaules robustes, la poitrine large, le ventre médiocre, les bras musculeux et un peu longs, les jambes bien faites, les mollets fermes, les doigts forts, les pieds bien articulés. Cet auteur rapporte des faits fort singuliers de la force d'un Espagnol, qui vint à Naples en 1555, et qu'il reçut dans sa maison où il l'avait fait appeler pour le connaître. Cet Espagnol, dit-il, faisait asseoir un homme sur chacune de ses épaules, il en tenait deux autres dans ses bras, deux autres se soutenaient sur ses pieds, il y en avait encore d'autres qui tenaient ceux-ci embrassés ; avec ce fardeau il marchait comme s'il eût été libre et qu'il n'eût rien porté ; ensuite il mettait les mains à terre et faisait monter deux hommes dessus ; se levant après cela, il les levait jusqu'à la hauteur de sa tête. Ayant été rencontré dans un bois par deux voleurs, il les saisit au collet, et les heurta la tête l'un contre l'autre, avec tant de violence, qu'il fit jaillir au loin leur cerveau. Je le priai, continue cet auteur, de me faire voir son corps à nu, pour mieux juger de ses formes, il y consentit ; voici ce que je remarquai : son corps était carré, sa taille droite, sa tête assez grande, assez saillante sur le devant, son cou robuste, ses cheveux durs et blonds ; son front carré, peu grand, ses yeux farouches, menaçans, de moyenne grandeur ; sa bouche assez grande , ses bras et ses cuisses pleins de muscles et ronds, sa respiration forte et soutenue, sa voix forte et sonore ; sa peau était si serrée et si dure , que lorsqu'il tendait le bras et la main , il n'était pas possible de la pincer. Ses jambes étaient mus-culeuses, ses mollets fermes ; ses pieds et ses mains grands , robustes, sa poitrine large ; les os de ses hanches grands , élevés , son ventre contracté ; il mangeait peu.

§. XXIV. *L'homme courageux.*

Ce que nous avons dit de l'homme vigoureux suppose une grande force physique , qui n'entre point spécialement dans l'idée du courage. *Magnum animum parvo in corpore gerunt*, dit Virgile , en parlant du courage et de l'industrie des abeilles.—L'homme courageux a les cheveux ordinairement blonds , médiocrement frisés, et descendant du front jusqu'au nez ; les sourcils arqués, souvent agités ; le menton pointu, le dos un peu large et robuste , la poitrine large , le cou un peu gras ; les mains grandes , articulées et tendineuses. Les yeux sont quelquefois blonds , quelquefois jaunes , quelquefois brillans , regardant de côté , vifs ; on en voit qui sont humides et dont l'iris présente plusieurs cercles.

§. XXV. *L'homme belliqueux.*

Sa bouche est grande, sa voix sonore.

§. XXVI. *L'homme audacieux.*

Les traits qui caractérisent l'homme audacieux sont bien tranchés. Son visage a quelque chose d'austère, son front est comme nébuleux, ses sourcils longs, son nez grand, ainsi que sa bouche ; la poitrine large, les épaules grandes, et les bras descendant jusqu'aux genoux. Mais c'est surtout dans les yeux que se dépeint l'audace : vous les verrez tantôt brillans, vifs et de couleur de sang, tantôt ouverts, agités, étincelans.

§. XXVII. *Le téméraire.*

L'homme téméraire a ordinairement les yeux brillans, regardant de côté ; quelquefois ses yeux se ferment à demi, son front devient austère, ses joues se contractent ; quelquefois ses yeux sont droits, humides ou même secs, bien proportionnés. Sa bouche est grande et mal conformée, ses doigts courts et gros.

§. XXVIII. *Le timide.*

On peut dire d'abord, en général, que ses formes physiques et son caractère moral sont

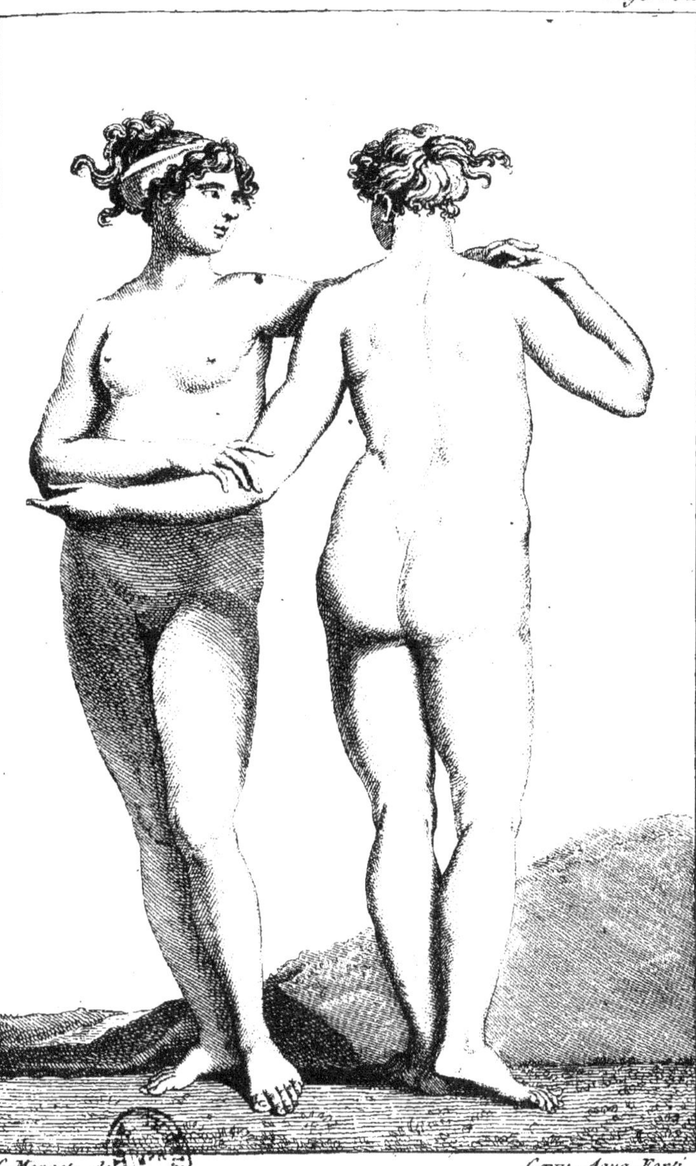

C. Monnet del.   Canu Aqua Forti.

Ressemblance de l'Homme timide avec la Femme.

très-rapprochés de ceux de la femme. — Son corps est presque toujours incliné, et le poil qui le recouvre est rare et mou. Il a le visage pâle, les yeux faibles et languissans ; les jambes et les cuisses grêles et faibles, les mains longues et menues. La couleur de son visage change souvent, sa respiration est débile ou tumultueuse, sa voix aiguë et petite. Ce ne sont pas là tous les signes qu'on peut rencontrer dans l'homme timide ; je n'ai fait jusqu'à présent que choisir ceux qu'on trouve dans les auteurs. Je vais énumérer ceux que l'expérience m'a fait connaître. L'occiput cave, ou bien la tête resserrée en devant et en arrière ; les cheveux droits, ou même crépus, faibles ; le front grand, la face charnue, quelquefois osseuse ; les lèvres déliées et la bouche petite ; la respiration petite, rare, tardive chez ceux qui ont le corps et la poitrine maigres, dénués de poils, ou bien haute, fréquente et assez grande lorsque la poitrine est large et forte ; la voix basse ou tremblante ; la parole courte, ou bien élevée et nasale ; le cou long et grêle, quelquefois rude et gros ; les yeux décolorés, tirant sur le blanc, quelquefois noirs, mais sans énergie, ou bien fixes et humides, cillans, sans vigueur, avec des cercles blancs.

§. XXIX. *L'homme pusillanime.*

Il a communément la face, les articulations et les membres petits. Son corps est maigre, son dos de forme circulaire, sa voix élevée et vive, sa poitrine grêle et faible ; ses yeux sont grands, très-mobiles, ainsi que ses joues : de même que le timide, il marche avec vitesse et tremble quand on le surprend.

§. XXX. *L'homme plaintif.*

Nous rapprochons ce caractère du précédent, parce qu'il a avec lui beaucoup d'analogie. L'homme plaintif a la gorge dure et proéminente; sa voix commence par être grave, et finit en donnant un son très-aigu.

§. XXXI. *L'homme superbe.*

Des sourcils arqués, toujours en mouvement ; des yeux obscurs, arides, pleins de vanité ; un ventre large, chargé d'embonpoint ; une démarche hautaine, lente, étudiée, interrompue souvent pour examiner avec dédain tout ce qui l'entoure sur son passage; tels sont les principaux signes qui distinguent l'homme superbe.

§. XXXII. *L'homme orgueilleux et vain.*

Il ne se connaît pas lui-même, il se croit meilleur qu'il n'est en effet. On voit que dans toutes ses entreprises il met la plus grande ostentation, il entreprend même souvent au delà de ses forces. Il n'y a de bien fait que ce qu'il fait ; ses plus misérables productions sont des chefs-d'œuvre à ses yeux, et il voudrait le faire croire aux autres. Son maintien, sa démarche annoncent bien la tournure de son esprit. Ses yeux et sa bouche n'expriment jamais que le dédain et le mépris. Ses caractères physiognomoniques approchent de ceux de l'homme superbe ; il est inutile de les rapporter tous : je n'en tracerai que quelques uns. Il marche à pas comptés et la tête levée, ses yeux sont grands, animés, assez saillans ; la lèvre inférieure un peu prolongée ; la voix aiguë, quelquefois criarde ; les doigts longs et grêles.

§. XXXIII. *L'homme magnanime.*

Sa tête est bien proportionnée, un peu grosse. Ses cheveux descendent du front jusqu'au nez, et sont légèrement blonds. Son front est carré, d'une belle proportion ; son nez se présente de deux manières, quelquefois il prend son origine du front et est bien placé par rapport au visage,

quelquefois il est un peu gros dans toute sa longueur, mais un peu resserré à son extrémité. Les
lèvres sont assez déliées, correctes, et la bouche
un peu grande; la voix grave, un peu creuse, ou
bien grave et ferme, la démarche lente.

§. XXXIV. *L'homme libéral.*

La libéralité tient le milieu entre l'avarice et
la prodigalité. Le propre de l'homme vraiment
libéral est de ne donner qu'à propos. Les com-
pagnes de cette vertu sont en grand nombre. On
distingue entr'elles la probité, la bienveillance,
l'urbanité.— Les formes de l'homme libéral sont
agréables en général; mais on remarque, entre
autres choses, que ses cheveux descendent du
front jusqu'au nez, que son cou est velu, ses
épaules bien formées, les bras allongés et les
doigts un peu recourbés.

§. XXXV. *L'homme généreux.*

Il y a, au physique comme au moral, des
différences entre l'homme généreux et l'homme
libéral. La générosité s'étend à des actions qui ne
sont pas du ressort de la libéralité. On dit fort
bien qu'un homme a mis beaucoup de générosité
dans ses procédés envers un autre; mais on ne
dit pas, dans ce cas, qu'il est libéral. Cependant
les caractères physiognomoniques qui les distin-

guent ne sont pas faciles à saisir ; voici toutefois ceux que quelques auteurs donnent à l'homme généreux. Le dos large et robuste, les pieds bien formés, un peu grands, articulés, tendineux, la voix creuse, inflexible.

§. XXXVI. *L'homme avare.*

L'avare est injuste envers lui-même et envers les autres. Il n'est pas difficile de le reconnaître dans la société ; la petitesse de ses actions en fait un personnage fort original. Il a les yeux, la face et les membres petits, le visage contracté, les sourcils courbés, la voix aiguë et glapissante. Son maintien est toujours gêné ; on le voit souvent se frotter les mains ; l'inquiétude est empreinte sur sa figure, il regarde toujours comme en cachette ; il marche à petits pas, vite et le dos courbé.

§. XXXVII. *L'homme colère.*

Le corps droit, bien proportionné, d'une teinte jaunâtre ; les extrémités grandes et robustes, les épaules larges, la face ronde, les sourcils contournés, la barbe épaisse, les narines assez larges ; voilà des signes que lui donnent *Aristote* et *Polémon*. Je vais en ajouter d'autres : le front circulaire, ridé vers son milieu ; les sourcils tortueux, les tempes saillantes, garnies de veines ; le nez pointu, les dents droites, aiguës ;

la voix tantôt grave, un peu voilée, grande, tantôt
aiguë et élevée, tantôt grave au commencement,
aiguë sur la fin. Le cou quelquefois gros et plein,
quelquefois long et gros, quelquefois gros rempli
de vaisseaux sanguins. Les yeux comme de sang,
ou durs avec des cercles de couleurs variées, ou
fixes, tandis que les sourcils se relèvent et que
l'individu semble soupirer, ou jaunâtres, grands,
regardant en dessus, ou bien encore vibrans,
comme s'ils allaient s'échapper, grands et brillans.

Le même, d'après Plutarque.

Le visage animé, le regard menaçant, cruel;
la bouche affreuse, remplie d'écume; des cris
épouvantables, la parole précipitée, l'agitation
des pieds et des mains.

Le même, d'après Lactance.

Les yeux ardens, la bouche tremblante, craquement des dents, la voix sifflante, le visage
tantôt d'un rouge vif, animé, tantôt d'une pâleur
mortelle.

§. XXXVIII. *L'homme dur dans ses procédés.*

Sa figure est désagréable, sa tête très-petite;
les sourcils inégaux, étendus jusqu'au nez;
les narines larges, la respiration forte, prompte et

épaisse ; le corps et la poitrine maigres ; les yeux secs et comme de saug ; brillans , regardant de côté , ou bien petits , fixes , saillans tandis qu'il agite son front , ses sourcils , et qu'il relève pour ainsi dire tout son corps en haut. On remarque aussi quelquefois que les yeux sont pâles , légèrement jaunes et secs.

§. XXXIX. *L'homme modéré.*

Il a le visage un peu fort et un peu replet , les cheveux plats , doux , blonds ou de couleur d'or , les sourcils bien dessinés. Il parle toujours avec calme et avec douceur. Sa voix est grave et flexible , ses yeux noirs , sa démarche lente.

§. XL. *L'homme constant.*

Il rit peu ; ses yeux sont obscurs et humides , bien proportionnés ; les cils noirs.

§. XLI *L'homme inconstant.*

Il a le front petit , mais large , le nez petit ou long et délié , ou bien encore pointu à son extrémité ; sa bouche est un peu retirée en dedans et ses yeux sont petits et obscurs. On voit beaucoup de poils sur sa poitrine et sur son ventre.

§. XLII. *L'insouciant.*

Le caractère diamétralement opposé à celui de l'homme colère, c'est celui de l'homme insouciant. Il demeure froid et indifférent pour les choses les plus propres à exciter toute l'énergie de l'ame ; rien ne peut le faire sortir de son engourdissement et de son apathie : on peut bien le comparer aux ânes et aux chèvres. Son front est petit, ses cheveux droits, son visage grand, ses oreilles très-petites, ses lèvres grosses et sa bouche extrêmement ouverte. Il a la voix bêlante et de mauvais timbre, quelquefois dure, aiguë et plaintive, ou bien grave et débile, le cou gros et plein, le ventre large, mou, pendant, les yeux pâles, peu concordans, ou bien légèrement rouges, relevés vers la partie supérieure, ou bien encore de couleur variée comme ceux de chèvre.

§. XLIII. *L'homme servile.*

La voix grave et grande, les jambes et les talons gros, les yeux petits et de nuances variées.

§. XLIV. *L'homme sobre.*

Sa chevelure n'est ni trop rare, ni trop touffue ; sa respiration est calme, son front

serein, sa bouche médiocre, les angles des yeux
courts, les pupilles médiocres : ses yeux grands
et brillans présentent sur l'iris un cercle noir
étroit.

§. XLV. *L'homme intempérant.*

La bouche creuse, le ventre large, mou,
pendant, les talons grêles, les yeux obscurs
comme couverts d'un nuage, ou bien grands
et rougeâtres.

§. XLVI. *Le gourmand.*

La bouche grande, les dents longues, aiguës
et fermes, le cou gras ; l'espace compris entre
la base de la poitrine et l'ombilic plus grand
que celui qui est entre cette même base et
la gorge; la parole grave et faible, les mains
grêles et tortueuses, les yeux obscurs, enflés
à leur contour, ou bien grands, fixes, rougeâtres.

§. XLVII. *L'ivrogne.*

La face petite, basanée ; les joues charnues,
souvent rouges, les paupières larges, bordées
de rouge, le gosier dur, les yeux rougeâtres,
humides, quelquefois vibrans, comme s'ils allaient sortir de leur orbite, grands, brillans.

§. XLVIII. *Le paresseux.*

La paresse est une suite ordinaire de l'intempérance, et est la source d'une infinité de vices. L'homme paresseux a le front grand, la face large et charnue, les joues grosses, le nez gros à son extrémité, la couleur de la face légèrement jaune, le regard d'un homme sans cœur, la parole brève, la langue tardive, le corps très-velu, la démarche lente, les yeux grands, lents dans leurs mouvemens.

§. XLIX. *Le voluptueux.*

On trouve dans les auteurs un grand nombre de traits qui caractérisent l'homme de cette espèce. *Polémon*, *Adamantius*, et *Aristote*, lui donnent la couleur blanche, le corps velu, les cheveux droits, épais, noirs, le ventre gros, la partie du visage qui est entre le nez et le menton concave, telle que l'avait *Socrate*, à ce qu'on rapporte; les yeux enfoncés, brillans, lascifs; les paupières sans cesse en mouvement. Ces signes ne suffisent pas certainement, pour porter un jugement sûr, dans toutes les occasions. C'est ce qui m'a déterminé à en ajouter d'autres, tirés de quelques auteurs plus modernes. L'homme voluptueux a peu de cheveux, il est souvent chauve. Il a les oreilles petites, le nez creux en dedans, quelquefois camard, le ventre et la poitrine velus, la potrine ample, maigre, les hanches grêles, les lombes et les cuisses velus, la partie de la jambe qui tient aux malléoles, grosse et charnue, les mains velues, les orteils serrés, les ongles ronds, il a quelquefois les joues un peu rétrécies et le visage gai; en général ses yeux sont un peu grands, légèrement rouges, ou bien brillans avec des cercles qui sont de deux sortes : les plus voisins de la prunelle sont verts, les autres noirs. Les boiteux sont très-enclins à la volupté. J'ai vu à Naples, une femme qui était perdue de mœurs et excessivement débauchée. Elle était d'un brun - pâle, maigre et grêle. Sa taille était droite; elle avait les mamelles convenablement pleines et dures ; elle était velue aux jambes, aux aisselles et même au menton, dont le poil était gros et épais, ses cheveux crépus et courts, sa voix déliée et lente; elle était hardie dans ses paroles, cruelle et fière, elle aimait le vin et ne mettait aucune borne à ses débauches, quoiqu'elle fût déjà avancée en âge.

§. L. *L'impudique.*

Il penche la tête de côté; ses yeux sont languissans, quelquefois entr'ouverts, le mouve-

ment de ses mains est lent, quelquefois disso-
lu, sa démarche incertaine. Il contracte habituellement le front et les joues; sa voix est
petite, faible, inégale, tremblante, ses lèvres
un peu enflées vers la racine des dents incisives, ses sourcils souvent un peu agités, quelquefois immobiles, les jambes faibles et les
pieds contournés dans la marche.

Le même, d'après Publius Africanus.

L'impudique met la plus grande recherche
dans ses vêtemens, sa tunique est plus longue
qu'aux autres hommes; elle lui recouvre toute
la main, il compose sa chevelure avec beaucoup de soin, parfume tout son corps, se
rase les sourcils, s'arrache la barbe. Sa toilette
est toute son occupation, on le voit assis à table
auprès des jeunes gens les plus beaux; il aime
le vin et les personnes de son sexe.

Le même, d'après Archésilaüs.

Plutarque rapporte qu'Archésilaüs s'exprima
bien vivement, contre un homme qui vivait
fort délicatement et qui passait cependant pour
être de bonnes mœurs et très-chaste, lorsqu'il
eut remarqué sa voix faible et languissante,
ses cheveux arrangés avec beaucoup d'art, ses

yeux où étaient dépeints la volupté et les goûts les plus dépravés, *nihil interest, inquit, quibus membris cinœdi sitis, prioribus an posterioribus.*

§. LI. *L'homme efféminé.*

Il a le front bas, le nez disproportionné, la bouche petite, le menton rond et un peu maigre, les clavicules mal articulées, les épaules molles, les genoux un peu en dedans et se frottant l'un contre l'autre; les pieds et les jambes un peu contournés dans la marche; les yeux assez saillans, très-petits et comme enflammés, ou bien petits et de plusieurs couleurs.

§. LII. *L'homme mou.*

Ses joues sont charnues, ses sourcils dirigés en ligne droite, son cou incliné et ses épaules inarticulées et faibles. Il a les côtes détachées, le vente maigre, les talons charnus, les pieds petits, inarticulés, grêles; le dos étroit, faible, les parties génitales très-grasses.

§. LIII. *L'homme faible.*

Les sourcils rares, étendus, le cou grêle, les bras et les coudes déliés, les mains petites, faibles, inarticulées, les mamelons petits, exténués, les

yeux faibles avec des cercles blancs ; la langue
faible, peu libre dans ses mouvemens.

§. LIV. *L'homme amoureux.*

Sa face est médiocre, un peu grosse vers les
joues et les tempes. Il a les yeux à fleur de tête,
béans, grands, clairs et brillans ; il soupire souvent, et répand des larmes malgré lui. Quand on
le regarde il s'effraie et rougit. Ses yeux ne cillent
point en général ; ils sont quelquefois humides,
et regardent paisiblement.

§. LV. *L'homme sans amour.*

Il a les yeux rians : il semble que celui ci se
moque du martyre qui tourmente les autres.

§. LVI. *L'homme gai en amour.*

Son menton est médiocrement fendu, ses yeux
se tournent un peu en dedans vers le nez, et sont
ordinairement brillans.

§. LVII. *L'homme impudent.*

Les anciens ont attribué l'impudence au chien,
et ils ont appelé *cyniques* ceux qui étaient connus
par leur effronterie.— L'impudent a les paupières
rouges, un peu grosses ; il regarde directement
dans les yeux des autres ; il a la tête pointue à

son sommet, la face assez longue, les cheveux, les sourcils un peu longs ; le nez courbé dès son origine, quelquefois gros ; il a la poitrine sans poils ; les orteils longs et les ongles crochus. Ses yeux sont comme enflammés, ou bien grands et livides, ou bien encore secs, brillans et vifs. Il rit avec éclat et marche avec vitesse.

§. LVIII. *L'homme retenu.*

Il est modeste dans ses paroles et dans ses actions ; ses yeux sont gais, bien proportionnés, un peu grands et son front est uni.

§. LIX. *L'homme grossier.*

Il a le front rude, les sourcils de travers, les paupières dures, les yeux quelquefois tannés, quelquefois grands, brillans, agités comme ceux d'un homme en courroux.

§. LX. *L'homme revêche.*

Il a le visage pâle, le front, et les cheveux droits et noirs. Il remue souvent ses mains et les frotte l'une contre l'autre ; il marche avec vitesse. Sa figure approche beaucoup de celle de l'homme triste.

§. LXI. *L'arrogant.*

Sa gorge est saillante, son rire moqueur.

§. LXII. *Le triste.*

Le triste a le front ridé, les yeux abattus, les cheveux bruns, les sourcils réunis, la voix débile et plaintive, le visage maigre.

§. LXIII. *Le soupçonneux.*

Ce caractère a beaucoup de ressemblance avec celui de l'homme triste et timide.

§. LXIV. *L'homme enjoué.*

Son visage est un peu replet, agréable ; son regard doux, animé, sa voix agréable.

§. LXV. *Le fanfaron.*

Il a le cou gros et long, les orteils longs et grêles.

§. LXVI. *Le dissimulé.*

Dans l'homme dissimulé, tout ce qui entoure la face est gras, et tout ce qui se trouve autour des yeux est ridé. Les sourcils sont étendus jusqu'aux tempes et fléchis, les yeux brillans, concaves et petits, la démarche incertaine, tantôt lente, tantôt précipitée.

§. LXVII. *Le menteur.*

Il a la face charnue, le nez large dans son milieu, diminuant insensiblement depuis l'endroit de son insertion; le rire souvent moqueur, la parole prompte et grêle, quelquefois nasale; les sourcils inclinés en haut tandis qu'il regarde comme en cachette; ses yeux sont rians, joyeux, ou bien couverts de petits points bleus ou jaunes, également distans de la pupille.

§. LXVIII. *L'homme véridique.*

L'homme vrai ne connaît point l'art d'embellir ni ce qu'il dit, ni ce qu'il a fait. — Sa face est médiocre; ses joues et ses tempes un peu grosses, sa voix moyenne, entre le ton grave et le ton aigu.

§. LXIX. *L'obligeant.*

Les yeux droits, de juste grandeur, brillans, le front doux, le regard modeste.

§. LXX. *Le flatteur.*

Il a le visage petit, le front serein, les yeux petits, variés; la démarche fort étudiée.

§. LXXI. *Le fâcheux.*

Son front est sombre, ses yeux tournés en haut,

supplians ; sa marche tantôt tardive, tantôt précipitée.

§. LXXII. *L'opiniâtre.*

Il a la tête grosse, le front haut, les narines ouvertes, le cou ferme et immobile, ou bien long et gros.

§. LXXIII. *L'homme grossier et très-méchant.*

Les auteurs le comparent aux ours, qui sont très-cruels. Il a les cheveux très-durs, la tête dure et pointue, les oreilles très-grandes, les yeux obscurs, petits, secs, concaves, fixes, la bouche large, le ventre large, la voix désagréable, féroce, les talons déliés, la couleur de la peau assez pâle.

§. LXXIV. *L'homme féroce.*

Il a la chevelure épaisse, très-rousse ; les joues velues, le dos couvert de poils, les épaules élevées, les pieds courts et gros, les ongles courbés, étroits, longs ; les yeux jaunâtres, les sourcils épais, réunis.

§. LXXV. *Les joueurs.*

Ils ont les cheveux épais, hérissés, noirs, la barbe épaisse et les tempes couvertes de poils rudes. Les yeux sont grands, ordinairement rouges, animés. On leur trouve encore d'autres signes qui leur sont communs avec l'homme rusé.

§. LXXVI. *Les babillards.*

Ils ont la couleur de la face assez semblable à celle du miel ; le menton et les joues un peu gros, la gorge dure ; la respiration agitée, comme il arrive à ceux qui sont lassés de courir ; le nez droit, ou large au milieu de la face dorsale, les oreilles grandes et droites, les mains grêles et tortues, les doigts longs et grêles.

§. LXXVII. *L'homme compatissant.*

Son corps présente en général des formes agréables, il est de couleur blanche. Ses sourcils sont droits, assez allongés, son front un peu large : si on y voit quelque chose de triste ou d'austère, c'est sans excès. Ses yeux sont rians, ou grands et humides.

§. LXXVIII. *L'injurieux.*

Il a la lèvre supérieure relevée, le cou droit, la figure allongée, la parole grave, un peu faible, les yeux jaunâtres, le regard dédaigneux, la démarche fière.

§. LXXIX. *Le jaloux.*

Les tempes creuses, les sourcils réunis, épais,

la bouche large, les dents longues, rares, aiguës, fortes, les yeux concaves et petits, ou bien grands, agités, brillans, semblables à ceux d'un homme en colère.

§ LXXX. *Le malicieux.*

Il a les bras courts; il marche à petits pas et vite.

§. LXXXI. *L'envieux.*

Les signes qu'on lui donne le distinguent très-bien. Il a le visage plat, les oreilles oblongues et étroites. Ses joues sont ordinairement décharnées; mais il arrive aussi qu'elles sont grosses, très-distantes des yeux, ce qui allonge la figure. La bouche est concave, les dents longues, aiguës, la voix douce, trompeuse, la parole aiguë et faible, les épaules resserrées vers la partie antérieure de la poitrine, les yeux enfoncés, fort petits, quelquefois pâles, la teinte du visage livide.

Le même, d'après Ovide.

— Passuque incedit inerti :
Pallor inore sedet, macies in corpore toto :
Nusquam recta acies; livent rubigine dentes;
Risus abest, nisi quem, visi fecere dolores.

FIN.

TABLE DES MATIERES.

—

FIN.

De l'Imp. de MORONVAL, place St-André-des-Arcs, N°. 30.

NOTICE des principaux Livres de fonds ou en nombre, qui se trouvent chez HENRY TARDIEU, *Imprimeur-Libraire, passage des Panorama,* N°. 12.

Géographie mathématique , physique et politique de toutes les parties du monde, rédigée d'après ce qui a été publié d'exact et de nouveau par les géographes, les naturalistes , les voyageurs et les auteurs de Statistique des nations les plus éclairées, destinée principalement aux maisons d'éducation, aux professeurs de géographie, aux négocians et aux bibliothèques des hommes d'état ; publiée par Edme Mentelle, de l'Institut national, et par Malte-Brun, géographe danois; dédiée à S. A. S. Monseigneur Cambacérès, archi-chancelier de l'Empire ; 16 volumes de 550 à 600 pages chacun, format in-8°. avec tableaux, et un vol. d'Atlas in-fol. grand-raisin vélin, composé de 45 cartes, gravées par Tardieu aîné, sur les dessins de Poirson, revues et corrigées par Edme Mentelle. Prix , broché,   160 fr.

Tableau de la Pologne ancienne et moderne , contenant la description de ce pays, de ses montagnes, plaines, fleuves, marais, climat, animaux, végétaux et minéraux ; la topographie de la Haute et Basse Pologne, de la Prusse, la Courlande, la Lithuanie, la Russie-Blanche, Noire et Rouge, la Wolhynie et l'Ukraine , avec indication des villes, bourgs, édifices et monumens ; la description politique ou aperçu de la constitution polonaise, des religions, des lois, de l'administration civile et judiciaire , des mœurs , de l'armée , de la population et des revenus ; des systèmes des poids , mesures , et monnaies en usage , soit en Pologne , soit à Dantzick ; un précis de l'histoire de la Pologne, depuis les temps les plus anciens jusqu'à nos jours , des recherches sur l'origine des Slavons et des Sarmates , et des détails sur les restes de la langue sarmatique. Rédigé principalement d'après des notes communiquées par des Polonais et d'après les auteurs du pays même. Par Malte-Brun. Pour servir de complément à l'Histoire de la Pologne par M. de Rulhières. 1 vol. in-8. bien imprimé, broché.   6 fr.

OEuvres de d'Arnaud, 12 vol. in-8°. avec fig. br.   60 fr.

OEuvres de Dorat , 20 vol. in-8°. avec de jolies figures, br.   85 fr.

OEuvres de Virgile , ayant la traduction française de Desfontaines en regard du texte latin , 4 vol. in-8°. brochés avec gravure à chaque livre. Paris, Catineau. Prix , 20 f.

OEuvres de Berquin , édition originale, 60 vol. in-18. br.   36 fr.

Elémens de la Grammaire latine , à l'usage des colléges, lycées, écoles secondaires , etc. par M. Lhomond, professeur - émérite en la ci-devant Université de Paris. Prix , rel. en parch.   1 fr. 20 cent.

Elémens de la Grammaire française , du même auteur, à l'usage de toutes les écoles. Prix , rel. en parch.   90 c.